U0905761

本书的出版得到了昆明理工大学
“工业循环经济与区域低碳经济”创新团队经费资助

制造业产业链的循环经济发展模式和评价体系研究

ZHIZAOYE CHANYELIAN DE XUNHUAN JINGJI FAZHAN MOSHI HE PINGJIA TIXI YANJIU

郑季良　著

中国社会科学出版社

图书在版编目（CIP）数据

制造业产业链的循环经济发展模式和评价体系研究/郑季良著．
—北京：中国社会科学出版社，2014.12

ISBN 978－7－5161－5264－5

Ⅰ.①制…　Ⅱ.①郑…　Ⅲ.①制造工业—资源经济—经济发展模式—研究—中国　Ⅳ.①F426.4

中国版本图书馆 CIP 数据核字(2014)第 298668 号

出 版 人　赵剑英
责任编辑　卢小生
特约编辑　林　木
责任校对　季　静
责任印制　王　超

出　　版　中国社会科学出版社
社　　址　北京鼓楼西大街甲 158 号
邮　　编　100720
网　　址　http：//www.csspw.cn
发 行 部　010－84083635
门 市 部　010－84029450
经　　销　新华书店及其他书店

印　　刷　北京市大兴区新魏印刷厂
装　　订　廊坊市广阳区广增装订厂
版　　次　2014 年 12 月第 1 版
印　　次　2014 年 12 月第 1 次印刷

开　　本　710×1000　1/16
印　　张　12.5
插　　页　2
字　　数　212 千字
定　　价　39.00 元

凡购买中国社会科学出版社图书，如有质量问题请与本社发行部联系调换
电话：010－84083683

内容提要

工业，更确切地说，是制造业，是我国经济社会发展的主要驱动力，是我国的优势产业，现阶段也是我国循环经济建设的主战场。制造业包括从提供工业原材料的资源型产业到提供消费性产品的终端产业，是一个产业链的概念范畴。本书从产业链的视角将制造业划分为资源型产业（上游段）、中间产品产业（中游段）和终端消费型产业（下游段），并对三段产业的循环经济发展模式进行了系统总结和归纳。本书将构建制造业循环经济评价指标体系作为研究重点，第一，分别基于生产链和综合绩效，构建了两种制造业循环经济统一的评价模型；第二，应用两种统一评价模型，分别构建了制造业三段产业以及代表性行业的循环经济评价指标体系；第三，应用本书的理论体系进行了综合案例分析。本书的理论价值和现实意义是尝试将制造业的循环经济发展研究进行了统一，既是对我国循环经济理论体系建设的一种深化或补充，也为我国工业循环经济建设提供了一套可供参考的评价体系框架模型。

前　言

我国目前仍然处于依靠工业化驱动经济增长的阶段，工业化给生态环境带来了巨大影响和压力。工业的循环经济发展是实现我国经济社会可持续发展的重点领域，进一步深入来看，制造业是工业循环经济的关键所在。制造业实际上是一个产业链的概念，上游端称为资源型产业，也称作传统产业、高耗能产业，这是工业循环经济的重中之重；下游端属于高新技术产业，是工业化的发展方向。也就是说，工业循环经济乃至制造业循环经济发展战略的研究需要从产业链的视角区分研究，只有这样，才能抓住事物的主要矛盾、联系及差异。制造业产业链包含的行业众多，很多行业在循环经济实践中开展了不同程度的探索，取得了很大成绩，但仍然存在不少问题。主要问题之一是，制造业产业链作为具有产业紧密关联的联合体，有着统一的循环经济发展目标，但侧重点不同，观念和进程都有差异。

本书是在教育部人文社会科学基金规划项目（09YJA630056）、云南省应用基础基金项目（2008G031M）、国家自然科学基金项目(71063012)、云南省现代化管理与新型工业化社科基地项目(JD12YB07)、昆明理工大学创新团队基金资助下，对上述问题的研究成果。研究目标是，首先基于产业链视角对制造业的循环经济发展和评价进行统一研究；其次，通过对制造业产业链的三段划分，即上游端、中游端、下游端，分别总结各产业链端的循环经济实践，归纳出三种模式，再列举各产业链端的代表性行业进行案例分析；再次，从产业链视角，分别构建制造业产业链统一的循环经济评价指标体系框架及评价指标综合体系，对制造业产业链的循环经济发展进行理论指导。

本书是在课题组研究成果以及若干硕士学位论文成果的基础上进行总结、提炼而成的，主要分为三个部分，第一部分是对制造业产业链的三段（资源型产业、中间产品产业、终端消费型产业）的循环经济发展模式的总结和归纳；第二部分是对制造业产业链循环经济评价指标体系的系统研究和构建，包括统一评价模型、分产业评价指标体系、分产业评价指标体系的关联和演变研究；第三部分是综合案例分析。本书提纲由郑季良设计，项目的开展得到了所在单位和课题组成员的大力支持，几届硕士研究生万磊、韩群慧、胡伟敏、李谷花、齐振江、王自强、周斐、秦大伟、陈刚等参加了本项目的研究，并完成了各自的硕士学位论文或 MBA 硕士学位论文，吸收和借鉴了国内外相关文献成果，在此一并表示衷心感谢。

循环经济在我国推行尚属初级阶段，对循环经济评价指标体系的研究很多，但角度各异、成果不一、莫衷一是，缺乏统一性，影响成果的推广。与循环经济发展相关的数据比较贫乏或难以获取，因此，本书的研究主要是从定性角度开展的；定量研究作了一些探索，但还很不充分，研究成果主要是想提供一个理论框架，其合理性和可操作性尚待进一步验证。由于作者知识水平、背景、认识问题的角度有限，书中可能有不妥或错误之处，敬请广大读者批评指正。

郑季良

2014 年 9 月

目　录

第一章　导论

第一节　问题的提出

制造业是指对原材料（采掘业产品和农产品）进行加工或再加工，以及对零部件装配的工业部门的总称。在我国，GDP 的 40%、财政收入的 50%、外贸出口的 80% 来自制造业，制造业是工业的主体，国家的基础性、前沿性、支柱性与战略性产业。据有关资料，造成全球环境污染的 70% 以上排放物来自制造业。并且由于消费品的大量普及、产品寿命周期的缩短，废弃产品的数量还在急剧上升。如何使制造业减少资源消耗和尽可能少地造成环境污染已是 21 世纪工业界面临的重大问题。我国制造业面临的挑战同样严峻，甚至更加严重，原因是我国作为世界制造业基地，制造业的能耗、物耗、环境污染水平均高于世界平均水平。

制造业产业链的组成没有明确的定义，根据产业链的概念及制造业特征，本书从生产链的角度将制造业产业链的组成分为上游产业、中游产业和下游产业。

（1）上游产业为原料生产系统（原材料经过选矿、冶炼成为制造业的原料），又可分为金属材料（黑色金属材料、有色金属材料）、非金属材料（化工原料和建筑材料等）组成部分，一般称为资源型产业。

（2）中游产业一是原料初加工系统，主要特征是原料的物理属性发生了变化（化学属性也可能发生了变化，但不是主要的变化属性），例如金属材料加工成板材、管材、型材等，化工原料加工为塑料、包装物、化肥、化纤等，建筑材料加工为型砖、玻璃等；二是生产中间产品（初级产品和工业再制品），为下游产业提供终端产品组装用零部件或中间原料，例如发动机、集成电路板、碳一化工产品、甲醇、乙烯等。从生产链的角度，中间产品产业是原料初加工系统的延伸，是中游产业的典型代表，是本项目研究所指的中游产业的研究对象。中间产品产业与上下游产品在生产技术和市场上都具有不可分性。一是中间产品生产所需要的技术往往和它的上、下游产品存在着某种程度关联，中间产品生产技术的提升也有利于其上下游产品的技术发展，而上下游产品技术的发展反过来又能促进这些中间产品生产技术的进一步发展；二是中间产品往往是工作分工与专业化的结果，它在市场上与资源或原材料产品和终端产品一起形成产品链，很难割裂开来。

（3）下游产业的主要特征一是为原料精加工系统，原料的化学属性发生了很大变化，提高了产品附加值，例如金属合金、精细化工等；二是通过对零部件的生产和装配使产品附加值得到提高，例如装备制造业、汽车制造业、电器制造业、IT 制造业等。该系统向社会提供最终产品。同样，从生产链角度，本项目研究所指的下游产业的研究对象是指终端消费品产业。

从生产链的角度，制造业产业链是由金属和非金属产业（上游产业）、中间产品产业（中游产业）、终端消费品产业（下游产业）组成。显然制造业产业链的上、中、下游产业之间是相互关联、相互依赖的。而从循环经济的角度，制造业产业链的上、中、下游产业也呈现出明显不同。上游产业基本属于高耗能产业，基本特征是高能耗、高物耗、高污染（三高）；下游产业的基本特征是，能耗、物耗相对较小，技术附加值较高，污染也较小。从上游到下游，“三高”的特点逐渐减弱，但随着产品结构的逐渐复杂以及产品生命周期的缩短，又面临废旧产品的回收、拆卸和再利用等问题。

产业循环经济的运行涉及从原材料的采掘、加工到产品生产和废弃物处理等不同环节，而不同行业、不同层面循环经济的模式不尽相同，运行效果也有所差异。因此，对循环经济的运行效果进行评价可以对循环经济实践进行检验，从整体上了解产业经济系统的运行效果，把握循环经济运行中存在的问题，以更好地对循环经济运行环节进行调整，以适应循环经济发展要求。目前，对制造业产业链上下游循环经济发展或绿色产品评价指标体系开展的研究较多，中游产业很少作为独立产业来研究，一般归并到上游或下游产业。不过，鉴于上下游产业之间的特点有着较大的差别，而且分属不同行业，故对上下游产业所构建的绿色发展评价指标体系基本上是独立开展的。并且，该项工作开展得也很不平衡，上游产业的循环经济指标体系研究较多，而下游产业的循环经济指标体系研究很少。

通过对比分析可以发现，作为制造业的两端，其循环经济或绿色产品评价指标体系也存在着诸多相同之处，有必要对制造业产业链整体的循环经济发展及其评价进行统一的、系统的研究，其目的是，第一，建立既统一又体现差异的循环经济指标体系；第二，在绿色供应链管理日益受到重视的形势下，体现和传播环境管理要求在制造业产业链进行传递的思想。因为，从长远来看，环境管理面临逐渐统一的趋势。

总而言之，在我国三次产业中，工业是循环经济建设的重点；在工业领域，制造业产业链又是循环经济建设的重点。基于产业链的相关性，本书以为，建立制造业产业链统一的环境管理目标是大势所趋。但鉴于制造业产业链中的上、中、下游产业的特征也具有较大的不同之处，其循环经济指标体系的研究工作应统一规划，分步实施，即须以辩证的思维方式分别探索上、中、下游产业的循环经济发展模式及其指标体系的构建以及指标体系之间的演变规律和路径，实现不同端循环经济指标体系的有机衔接和统一。

第二节 国内外研究现状

循环经济发展模式涉及内容较多，本书重点对循环经济评价体系的研究进行文献综述。

一 国家层面循环经济评价体系的研究现状

国家层面循环经济评价体系是对社会、经济、生态环境系统协调发展状况进行综合评价，是研究的依据和标准，是综合反映社会、经济、生态环境系统不同属性的指标按隶属关系、层次关系原则组成的有序集合。

（一）各国出台的循环经济评价体系

西方发达国家研究循环经济最早，对循环经济指标体系的研究主要集中在社会层面，例如物质流核算体系和绿色 GDP 核算体系的研究等。早在 20 世纪 70 年代，西方国家开始了全社会经济综合物质流的平衡核算研究。90 年代初，奥地利、日本和德国首先应用物质流分析方法对各自国家经济系统的自然资源和物质的流动状况进行了分析，从而揭开了循环经济系统物质流分析方法在世界范围广泛应用的序幕。从 1997 年开始，世界资源研究所（World Resource Institute）对美国、日本、奥地利、德国、荷兰经济系统的物质流动状况进行了全面分析。2001 年，欧盟统计局（EUROSTAT）出版了物质流分析指标的指导性原则和方法手册，该手册的出版对经济系统物质流分析的深入研究起到了很大的作用。欧盟目前已建立了一个综合性的国家物资流核算标准。

随着物质总量流动分析研究的深入进行，单个物质的流动分析已在全球、国家及区域水平得以细致研究。代表性的有：美国耶鲁大学森林与环境学院的研究人员对重金属如银、铜、锌等在不同尺度上的流动特征做了大量细致的研究。Susanne Kytzia 等（2004）则用经济学扩展的物质流分析方法（Economically Extended Material Flow Analysis，EE－MFA）对瑞士食品生产链的资源利用效率进行了分析。Peter Michaelis 和 Tim Jackson 对英国的钢铁和铁矿石部门 1994—2019 年的物质和能量流动做了细致的分析和预测。

绿色 GDP 核算体系是扣除经济活动中投入的环境成本后的国内生产总值。绿色 GDP 核算比较复杂，一些国家进行了尝试。挪威 1978 年就开始了资源环境的核算，建立了包括能源核算、鱼类存量核算、森林存量核算、空气排放和水排泄物（主要是人口和农业的排泄物）、废旧物品再生利用、环境费用支出等项目的统计制度，为绿色 GDP 核算体系奠定了重要基础。芬兰也建立起了自然资源核算框架体系，核算内容有 3 项：森林资源核算、环境保护支出费用统计和空气排放调查。实施绿色 GDP 的国家还有法国、美国、墨西哥等。但迄今为止，全世界还没有一套公认的绿色 GDP 核算模式，也没有一个国家以政府名义发布绿色 GDP 结果。

1996 年英国颁布了国家循环经济评价体系，该体系用 120 个指标从国家层面来评价该国循环经济的发展程度，指标体系比较复杂，因此，英国于 2005 年，又对该指标体系进行了修订，将指标由 120 个减少到了 68 个，将指标体系中的部分指标合并，部分取消，降低了评价时的难度，增强了评价指标的可行性。日本通过物资流分析方法，对 1980—2000 年的国内宏观物资流动进行了分析，基本完善了循环经济指标体系，包括资源的投入、生产、消费及最终废弃物处置等部分，以此为据提出了 2000—2010 年循环型社会基本计划的定量目标。

我国对循环经济指标体系的研究虽然不早，但较为深入，目前在宏观层面已进入实施阶段。2007 年 6 月，国家发展改革委、国家环保总局、国家统计局等有关部门联合颁布《循环经济评价指标体系》，包括宏观层面和工业园区两个部分，两个指标体系包括资源产出指标、资源消耗指标、资源综合利用指标和废弃物排放指标等组成部分，只是其中的一些具体指标有所不同。其中各个指标分别包含：

（1）资源产出指标：主要是指消耗一次资源（包括煤、石油、铁矿石、十种有色金属矿、稀土矿、磷矿、硫矿、石灰石、沙石等）所产出的国内生产总值（按不变价计算）。该项指标的比率越高，表明自然资源利用效益越好。

（2）资源消耗率指标主要描述单位产品或创造单位 GDP 所消耗的资源，该类指标反映了节约降耗，推进“减量化”，从源头上降低资源消耗的情况。

（3）资源综合利用指标主要反映工业固体废弃物、工业废水、城市生活垃圾、农业秸秆等废弃物的资源化利用程度，体现了废弃物转化为资源，即“资源化”的成效。

（4）再生资源回收利用指标主要反映传统的六大类废旧物资的回收利用状况，体现了节约使用资源、循环利用资源的要求。

（5）废弃物排放（含处置）降低指标主要用于描述工业固体废弃物、工监废水最终排放量减少的程度，该类指标反映了通过减量化、再利用和资源化，从源头上减少资源消耗和废弃物产生，降低废弃物最终排放量、减轻环境污染的成果。

（二）我国学者对宏观层面循环经济评价研究现状

对社会层面的循环经济评价指标体系进行研究，代表性文献如下：

刘滨（2005）在对物质流分析和物质流管理进行研究的基础上，提出我国的循环经济指标体系应包括资源利用、资源循环再利用和废弃物排放量三方面的指标。

冯之俊（2004）根据经济、社会、生态环境之间的关系，通过建立概念模型和调控模型来分析评价循环经济发展质量。

于丽英（2005）等在研究国际上衡量社会发展指标体系的基础上，提出循环经济评价指标体系，该指标体系以产业、城市基础设施、人居环境和社会消费四大体系为基础，包含经济发展指数、绿色发展指数和人文发展指数等 24 个指标。

张楷（2007）等在其研究报告中，提出了一套给予物质流分析的循环经济评价指标体系（EISCE），该体系包括5个指标18个具体变量。5个指标分别是经济指标、总量指标、效率指标、循环指标和污染指标。

二　区域层面循环经济评价体系研究现状

近些年来，国内的学者专家们对区域层面（包括生态工业园区和城市）的循环经济评价指标体系研究逐渐增多。代表性文献如下。

周国梅（2002）等提出了以工业效率指标为基础，建立和发展循环经济指标体系的初步设想。

元炯亮（2003）等提出了包括经济指标、生态环境指标、生态网络指标和管理指标在内的生态工业园区评价指标体系的框架。

李仁安（2006）等建立武汉市生态工业园指标体系由经济评估、系统结构评估、环境评估和管理评估四个系统构成一级指标，共包含33个二级指标。

钟太洋等（2006）以“活动—压力—反应—绩效”模型为分析框架，从资源利用效率、资源量化利用趋势、污染减量排放、资源再循环与再利用、产业循环结构、能源结构及安全、循环经济发展能力等7个方面确定了区域循环经济发展评价的指标体系。

黄贤金等（2006）探讨了区域循环经济发展评价指标选择的原则，从产业及社会发展、资源减量化、循环利用、污染减排、资源与环境安全五个方面设计了一套循环经济评价指标体系，分析了其在农业、工业、第三产业、城市经济等方面的应用。

黄和平（2008）等以常州市武进区为例，提出了一套基于MFA的区域循环经济指标体系。该体系分为目标层、准则层、指标层和分指标层四个等级，准则层：减量化、资源化、无害化；指标层：资源利用减量化和废弃物排放减量化、资源循环再利用和废弃物回收再利用、废弃物无害化处理和废弃物处置6个指标，包含14个分指标。

三　企业层面循环经济评价体系研究现状

企业层面循环经济评价体系研究主要集中在我国，代表性文献如下。

张冬（2004）通过对企业一定经营期间的资产运营等进行定性和定量对比分析，对循环经济的企业进行绩效评价。

李健（2004）通过综合考虑经营效果、绿色效果、能源属性、生产过程属性、销售和消费属性、环境效果和发展潜力七个方面对企业的影响，给出了面向循环经济的企业绩效评价指标体系的结构及其评价方法。

郭洪蓉（2006）认为，企业绩效评价指标体系应建立以企业相关利益者为评价主体、以工业企业为评价客体的绩效评价指标体系，从增值能力、盈利能力、偿债能力、营运能力和发展潜力设置指标评价工业企业的经济绩效。

杨华峰（2006）等构建了基于循环经济的企业竞争力评价指标体系，并进行了实证分析。

徐建中（2008）等充分利用专家评判信息的模糊性与灰性，通过设置协调性、效益性、减量化、资源化、再利用、健康性和稳定性七类30个指标，建立灰色综合评价模型，利用该模型对企业循环经济发展水平进行综合评价研究。

四 产业层面循环经济评价体系研究现状

在产业循环经济指标体系研究方面，国内研究相对深入，是本研究报告的研究对象，分产业阐述如下：

（一）上游产业循环经济指标体系研究现状

上游产业循环经济指标体系研究较多，例如，包景岭、孙贻超（2003）利用环境影响评价思想，从清洁生产的角度，建立的钢铁行业的循环经济清洁生产指标体系。刘安治（2007）采用层次分析法对钢铁建设项目循环经济评价指标体系进行综合评价。邓宏江（2009）通过对循环经济在钢铁建设项目评价体系中的应用研究，为决策者评价钢铁建设项目提供依据，从而引导建设项目向符合循环经济要求的方向发展。刘捷（2008）等从世界钢铁工业发展趋势入手，借鉴国外钢铁工业发展循环经济的先进经验，结合中国实际，提出了中国钢铁行业发展循环经济的战略并进行了优先排序。在此基础上，得出中国钢铁企业发展循环经济的支撑体系。崔树军等（2008）将钢铁产业指标体系分为资源消耗、综合利用和废弃物排放三个组成部分；陈勇等（2009）构建了钢铁企业循环经济发展水平评价指标体系，分为资源综合利用效率指标、主要能耗物耗水平指标、污染状况指标、资源化再利用指标四个组成部分，以攀枝花钢铁公司为例进行了评价应用；史晓燕（2005），针对化工行业建立了循环经济的企业绩效评价指标体系，其中包括经济效益指标、创新发展指标、绿色环保指标、资源和能源消耗指标、回收利用指标五个方面，提出了包括社会贡献率、技术进步贡献率、绿色产品开发率、能源利用率、产品回收利用率等19个指标所构成的企业循环经济评价指标体系。李彩红（2007）将化工行业指标体系分为资源减量化利用、污染减量排放、资源再循环与再利用、产业结构、循环经济发展能力等部分；戚雁俊（2009）结合石化企业的节能减排，初步研究了企业循环经济评价指标体系，建立了一种通用性指标体系。高红等（2007）将黄磷行业指标体系分为效率、物质循环、技术创新与科技成果转化能力、资源开发与生态恢复、法规政策等部分；江涛等（2007）将煤炭行业指标体系分为管理、经济、生态保护、循环经济等部分。从资源型产业群角度研究的有：沙景华等（2008）将矿业指标体系分为经济社会效益、矿产资源开发利用、综合节约循环利用、生态环境保护等部分；石吉金（2008）将矿业指标体系分为社会经济、能源消耗、污染排放、循环利用等部分。郑季良等（2008）将高耗能产业指标体系分为经济绩效、环境绩效、社会绩效等组成部分，并给出了下设指标。

（二）中、下游产业循环经济指标体系研究现状

中、下游产业一般不直接用循环经济指标体系一词，而用绿色产品、企业绿色度、绿色制造过程、绿色制造系统评价体系的提法。

例如，刘志峰等（2000）构建了绿色产品评价指标体系，主要包括产品的基本属性、环境属性、资源属性和经济属性等指标。刘焰等（2003）认为，企业绿色度评价模型包括原材料、工艺过程、营销和消费过程绿色度四个方面；张艳等（2005）构建了企业绿色度评价指标体系，包括生产工艺的“清洁”化水平、产品及使用过程与环境的相容性、生产过程的“三废”排放及处理水平、企业资源与能源利用属性、社会影响等内容；曹国志等（2006）构建的企业绿色度评价指标体系分为产品绿色水平、生产流程“清洁”化水平和废弃物排放及处理水平三个方面；张青山等（2009）出版了《制造业绿色产品评价体系》一书，其中构建的绿色产品综合评价指标体系分为经济性属性、技术性属性和绿色性属性三个组成部分。

黄敏纯等（2001）给出了绿色制造过程评价指标体系，包括环境属性、资源属性、能源属性、经济性、宜人性、绿色管理和设备维护性；曹杰等（2002）建立了绿色产品制造工艺评价体系，包括资源利用、能源利用、环境负担和经济性等方面；曹杰等（2004）建立了绿色工艺链评价原形系统，包括绿色材料选取、绿色设计、供应商选择、绿色生产、绿

色包装、回收和处理等内容；沈德聪等（2006）研究了绿色制造系统评价体系，包括发展度、持续度和公平度三个方面。

Ying Dai 等（2010）对汽车逆向物流系统的绿色度评价体系进行了研究，分为环境、资源、经济、技术、社会等组成部分；李谷花、郑季良（2010）对报废汽车回收企业评价体系进行了研究。

（三）评述

上游产业作为资源型产业，高耗能产业（冶金、化工、建材、火电等）占了相当大部分，高耗能产业有高能耗、高物耗（包括水耗）、高排放显著特点，因此，在为各行业以及产业群整体设计的循环经济指标体系中，降低能耗、提高矿产资源利用率、“三废”排放控制和再利用、降低水耗等就成为重点组成部分。

中、下游产业作为中间产品和终端消费品产业，有着产业链长、供应链管理、废旧产品回收责任逐渐加大的产业特征。因此，该产业特别重视产品生命周期（设计、生产、营销、使用及回收）管理、绿色供应链管理、产品拆卸回收等问题。

虽然上游产业的循环经济指标体系研究与中、下游产业的绿色制造和绿色产品研究所基于的理论是不同的，但可以看到，上中下游产业之间的绿色管理或环境管理既有着共同思想，也存在着不同之处。共同思想为，以减少生产和消费过程对环境的影响为目标，以节能、降耗、减排、废弃物再利用为基本方式。不同之处为，上中下游产业对环境的影响程度不同，几种方式在上中下游产业中所起到的作用不同。相对而言，上游产业对生态环境的影响程度比中下游产业的影响要大得多，尽管几种基本方式都有运用，但由于产业链短，绿色供应链管理的手段却应用不多。中下游产业由于产业链长，绿色供应链管理问题在理论研究中得到了高度重视，产品生命周期绿色管理本质上也体现了绿色供应链管理的思想。另外，由于产品寿命周期的缩短，废旧产品的拆卸、回收和再利用问题越来越严峻，并成为原材料重新投入生产，这一环节将中下游产业与上游产业之间又联系了起来（逆向物流）。显然，由于正向和逆向物流的联结作用和互动作用，上中下游产业作为制造业产业链的不同环节是紧密联系的，这进一步说明应该建立统一的、体现绿色化管理或环境管理传递思想的循环经济指标体系。就发展趋势而言，无论国内外，循环经济指标体系随着社会经济环境的变化而在不断发展变化，以环境为起点进行设计已成为一种必然趋势，并且，循环经济指标体系或绿色评价指标体系向着主体多元化、指标综合化方向发展。

第三节 研究意义和价值

目前，我国循环经济建设正从宏观领域向微观领域深入，从高耗能产业向一般制造业、高科技制造业推进。本书从产业链和综合绩效的视角来系统研究制造业的循环经济发展或实践模式及其指标体系的构建，研究范围基本上涵盖高耗能产业、一般制造业和高科技制造业。不过虽然研究面广，但研究内容很集中，即以制造业产业链循环经济指标体系研究为重点研究对象。当然，要做到这一点并不容易，需要对高耗能产业、一般制造业和高科技制造业循环经济建设的特点、影响因素、主要内容、综合评价等方面进行系统总结、归纳和提炼。这一研究领域目前在国内外都是薄弱的研究环节。研究意义和应用价值是，一是试图使循环经济评价和绿色制造评价（包括绿色度评价、绿色产品评价等）理论统一起来；二是从产业链协同发展的高度思考我国制造业的循环经济建设和可持续发展；三是为制造业循环经济发展的推进提供必要的、统一的、有参考价值的评价工具和手段。

第四节 研究目标、思路和内容

一 研究目标

以绿色供应链的环境管理思想为指导，将制造业产业链看作一个有机整体，基于统一的环境目标管理理念，构建产业链上、中、下游的循环经济指标体系，寻求从上游产业到下游产业循环经济指标体系演变的规律，整合和优化产业链循环经济指标体系中的物流、价值流、信息流，为我国制造业的循环经济协同发展提供有理论参考价值的评价指标体系。

二 研究思路

在广泛调查研究基础上，以统一的环境管理目标为导向和约束，在系统总结归纳制造业产业链循环经济发展模式的基础上，区分制造业产业链上、中、下游产业的特征差异，构建有针对性的、满足发展趋势的各产业端循环经济指标体系；以绿色供应链管理的环境信息传递思想和产品生产责任延伸理念为理论指导，研究制造业产业链上、中、下游产业之间循环经济指标体系的演变规律和路径，实现环境管理目标的统一；通过案例分析和实证研究验证研究成果的合理性。

三 研究内容

按照项目研究目标和思路，它们之间的逻辑关系如图 1－1 所示，研究内容框架如下：

第一章阐述研究背景、国内外研究现状、研究目标、思路和意义。给出制造业产业链的划分概念。

第二章对制造业产业链的上游产业——资源型产业的循环经济发展模式进行总结和归纳，分析产业发展循环经济存在的问题并提出对策。

第三章对制造业产业链的中游产业——中间产品产业的循环经济发展模式进行总结和归纳，分析产业发展循环经济存在的问题并提出对策。

第四章对制造业产业链的下游产业——终端产品产业的循环经济发展模式进行总结和归纳，分析产业发展循环经济存在的问题并提出对策。

第五章分析研究制造业产业链循环经济发展的共同特征，基于统一的环境目标管理理念，设计了一种制造业产业链循环经济指标体系的统一框架模型。

第六章分析研究制造业产业链循环经济发展的差异特征，在制造业产业链循环经济指标体系的统一框架模型下，分别给出制造业产业链的上、中、下游产业端的循环经济指标体系。

第七章以绿色供应链管理的环境信息传递思想和产品生产责任延伸理念为理论指导，研究制造业产业链上、中、下游产业之间循环经济指标体系的演变规律和路径。

第八章以上述理论为指导，研究了几种案例状况，对制造业产业链循环经济指标体系统一框架模型、分产业循环经济指标体系进行运用。

第九章是全书的结论与展望。

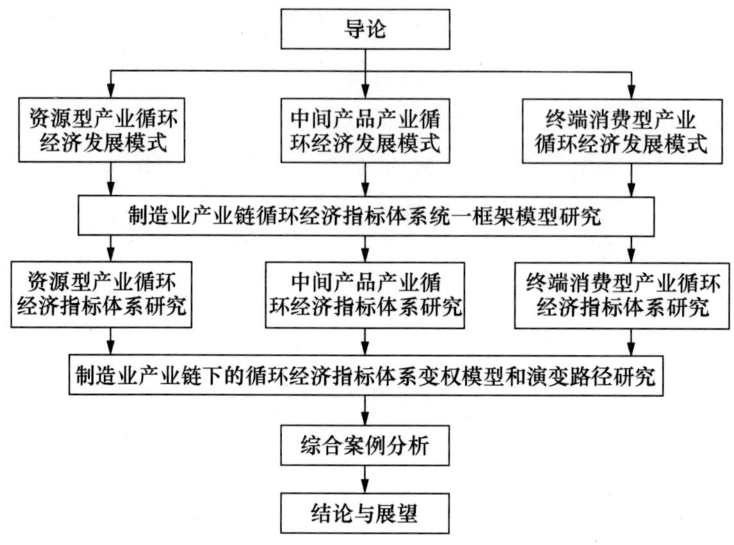

图 1－1 研究内容的逻辑关系

第二章　资源型产业循环经济发展模式

第一节　金属产业循环经济发展模式

金属产业是我国重要的原材料工业，是国民经济的重要基础性原材料工业，是高耗能、高耗水、高污染行业，也是能源、矿石资源、水资源、再生资源消耗量很大的资源密集型行业。金属产业主要包括钢铁、铜、铝、铅锌几大类，其中，钢铁产业是目前循环经济研究最广泛、最深入的行业，是黑色金属的代表性产业；铜、铝、铅锌则是有色金属的代表性产业。下面以钢铁、铜、铝、铅锌产业为代表，总结、归纳、分析金属产业的循环经济发展模式。

一　钢铁产业循环经济发展模式

我国钢铁生产主要原料有铁矿石、焦炭、锰矿石、铬矿石和铁合金。其中铁矿石用量占原料消耗中的15.56%，焦炭占22.56%。我国铁矿资源97%以上是难以直接利用的贫矿，而且开采难度较大，是目前铁矿石进口量最大的国家。焦煤，特别是主焦煤和肥煤资源也不足，需要进口才能满足炼铁需要。钢铁产业是典型的流程制造业，是能源、水资源、矿产资源消耗密集型产业，是最有条件、最具潜力、最迫切需要发展循环经济的产业。

（一）主要环节的节能减排实践

1. 钢铁行业副产的煤气利用

钢铁业副产煤气主要有高炉煤气、焦炉煤气和转炉煤气，其主要成分是氢气、一氧化碳、甲烷。其中，焦炉煤气含氢量高，可以用于发电、制取氢气，也是制甲醇的优质原料；转炉煤气含一氧化碳量最高，经提纯后可作为碳化工的优质原料。目前，在我国钢铁企业中，煤气基本上已被回收，一是作为燃料用于烧结、焦化、高炉、炼钢、热轧等工序加热；二是作为城市的民用燃气。

2. "三废"利用

全国40个行业中，钢铁工业废气的年排放量占全国总排放量的18%。钢铁废气中含有粉尘、热能和化学物质，除尘后的高炉煤气利用余压、余热发电，降压后的煤气可回收作为燃料。净化过程收集的尘泥多含有氧化铁，可用来回收金属铁。钢铁工业废水包括烧结废水、高炉煤气洗涤水、焦化废水、转炉烟气除尘废水、高炉冲渣水、轧钢废水等。钢铁工业的废水量大、污染面广、成分复杂、污染物质多，针对不同的废水需采用不同的处理方法。目前，一些钢铁厂建设了总排水处理回用设施，有效地防治了水污染，节约了水资源。钢铁工业的固体废弃物包括开采铁矿时产生的剥离废石，选矿时产生的大量尾矿，高炉、转炉、电炉、铁合金炉渣，含铁尘泥、电镀金属污泥、六价铬渣等。这些固体废弃物量大面广、种类多，但其有毒废弃物少，便于综合利用，含有有用元素，回收利用价值高。钢铁固体废弃物运用最广泛的主要有以下两类：第一类，高炉炉渣。90%采用水淬工艺处理成粒状矿渣用于生成水泥；10%加工成矿渣碎石用于各种建筑工程中；第二类，转炉炉渣、电炉炉渣，因其过高的铁氧化物含量、过高的游离氧化钙含量、过低的水硬活性，适用范围受到限制，目前我国的利用率仅为20%，改良后可作为路基材料。

3. 废钢铁回收利用

废钢是钢铁生产的重要原料之一，是金属材料中最重要且数量巨大、用途广泛、循环利用最快的品种。我国2005年废钢消耗量6300万吨，其中进口1000多万吨，吨钢消耗废钢180千克，但与世界平均水平430千克/吨钢相比还有很大差距。

（二）生态产业链

钢铁行业主要生态产业链如图2－1所示。其中第一条的上半部分产业链是钢铁生产的主产业链，下半部分则是钢铁生产过程中的矿渣处理和资源化产业链；第二条是污泥回收生态产业链；第三条是钢铁富产煤气的处理及资源化途径。

（三）生态工业园区

以国家级生态工业示范园区——包钢为例。包钢为国有特大型联合企业，以钢铁和稀土为主导产业，是我国十大钢铁基地之一。2004年，《包钢生态工业园区建设规划》通过国家环保总局评审，标志着我国第一个

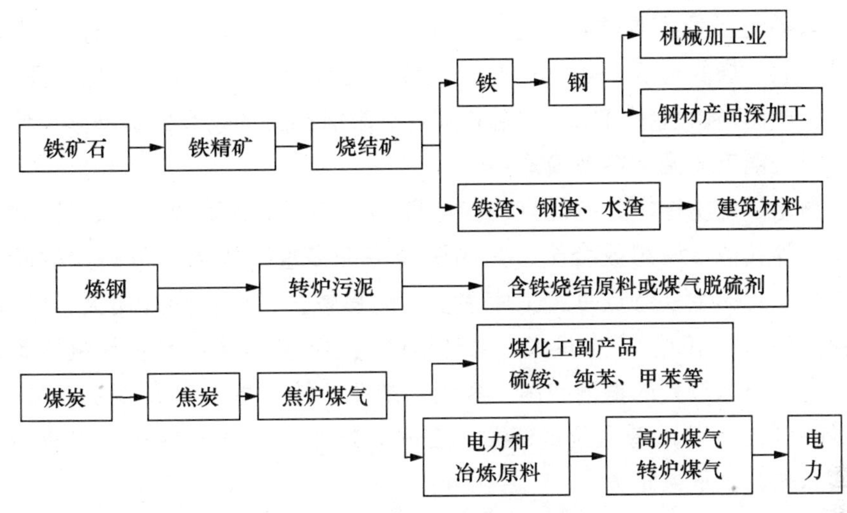

图 2－1　钢铁企业主要生态链

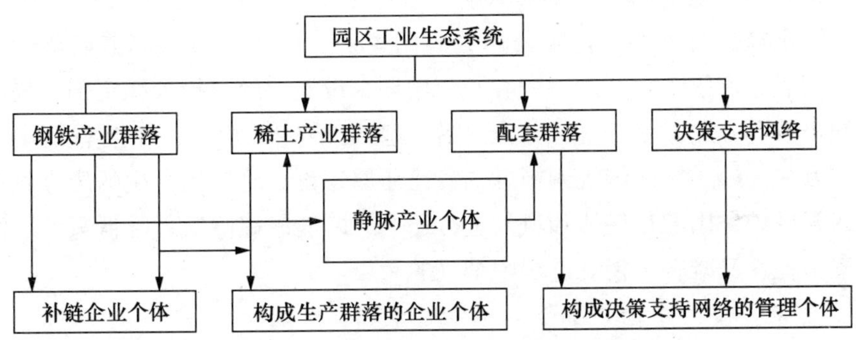

图 2－2　包钢生态工业园区系统结构

钢铁行业的国家级生态工业园区开始依规划建设，到 2010 年，计划基本完成国家钢铁生态工业园区构架；到 2020 年，建成国家级钢铁生态工业园区。包钢生态工业园属于对现有的钢铁企业进行适当的技术改造，使园区企业建立共生关系，进行副产品、废弃物和能量交换，形成产业链。包钢生态工业园区由钢铁产业群落、稀土产业群落、配套群落和决策支持网络四个群落组成，如图 2－2 所示。从图中可看到，在整个生态系统构成中，为了使工业产业链更加完备，增强产业链的抗风险能力，增加了一些补链企业个体，如与钢铁产业链相配套的矿石开采企业，废钢渣、铁渣综合利用的建材企业、静脉产业个体等。从包钢生态工业园区中工业生态种群的分布和个体企业的行业属性来看，在工业园中起主导作用的是：钢铁行业和稀土行业。与之相配套的行业（配套群落）主要有：电力行业、采矿行业、煤炭行业、建材行业、机械加工行业、供水业、环保行业等。决策支持网络由包钢集团、利益相关者、政府相关部门和配套群落组成。

二　铜产业循环经济模式

铜化学性质稳定，有优良的导电性和导热性，并可以与铅、锌、铝、镍、钛等其他金属组成合金，是国民经济许多重要领域不可缺少的原材料。铜工业的主要特点是：工序很多，流程较长，设备的规模大，资源、能耗密集，“三废”产生量大，对环境的污染严重。中国是世界铜资源大国，也是全球最大的铜消费国。我国铜产业的特征是：（1）铜资源贫乏，供需缺口大；（2）低品位铜资源、废铜资源丰富；（3）铜矿产以及冶炼与国际先进水平差距大。

（一）主要环节的节能减排实践

1. 最大限度综合回收利用采矿、冶炼生产过程中产生的废水、废气

以金隆公司为例，金隆公司共有闪速炉、阳极炉、水淬渣硫酸、电解、制氧、低压锅炉、动力中心八套循环水设施，经过投加稳定剂、提高浓缩倍数等方法，使工业用水复用率一直处于92%以上，年节省新水八千多万吨。通过突破传统铜精炼的氧化还原理论，将制氧产生的废弃氮气引入阳极炉，用液化气掺和氮气进行还原，既能脱硫除氧、降低重油、液化气消耗，又减轻了精炼过程中烟气的污染。

2. 从“废”中掘“宝”

不断采用新技术、新方法，提高废渣、废水、废气中有价金属回收率。如江西铜业集团新材料公司利用自身的科研优势，废渣中提炼稀贵金属，年创利润达5000万元以上。铜陵有色金属公司从生产电解铜的废弃物（阳极泥）中回收金、银等贵重金属，做到了“保护环境、变废为宝、变害为利、降低成本、提高效益”。

3. 铜的再生

再生铜是弥补铜资源严重不足的重要方法。我国废铜资源是相当丰富，相比较其他行业，铜的可回收利用程度最高，回收率达到85%。我国废杂铜的利用已基本形成“以大型企业为龙头、以中型企业为主体”的格局。除少数再生资源加工园区、大型企业外，我国再生铜金属产业仍处于“散、乱、差”状态。同发达国家相比，我国2003年再生铜占30%，而世界先进水平为37%。我国再生铜企业，10万吨以上的仅有2

家，5 万—10 万吨的 6 家，有规模、上档次，能与国际先进水平相比的不到 3%，90% 以上的再生铜企业都是小企业。

（二）生态产业链

江西铜业是国内最大的铜业公司，铜矿产量占全国的 15.5%，精铜产量占全国的 18.5%，公司产业链非常完整。这里以江西铜业（贵溪）为例，介绍铜工业生态产业链。根据园区的整体结构设计，贵溪工业园中最主要的产业链有下列五条。

1. 矿石→铜精矿→冰铜→粗铜→阳极铜→电解铜→铜材加工

本产业链是铜生产的主产业链。目前，江西铜业已完全具备从铜精矿到铜材的生产能力。为增强抗风险能力，进一步提高铜产业生产效能、经济效益，需要提高作为产业链补链环节的矿石和铜材加工的能力。

2. 矿石→铜精矿→阳极泥→金银提取→铜液净化渣→铂、钯、硒等稀贵金属提取

本条是对铜冶炼过程中产生的阳极泥进行处理和资源化的产业链。这条产业链不仅提高了资源的循环利用率，获得了可观的经济效益，而且改善了园区环境。稀贵金属应用范围的不断扩大，市场不断开拓，使得该产业链在园区的发展中发挥着越来越重要的作用。

3. 矿石→铜精矿→烟气→浓硫酸→磷胺复合化肥

本条是关于铜冶炼过程中废气处理及资源化的产业链，随着回收烟气中二氧化硫技术的不断改进，目前，二氧化硫回收率已达 95% 左右，年产浓硫酸 100 万吨，创产值 3 亿多元。回收的硫酸再用于磷胺复合化肥的生产。

4. 矿石→铜精矿→烟气→砷滤饼→三氧化二砷

该产业链是废气制酸过程中的废弃物处理及资源化产业链。此产业链的构建不但解决了砷滤饼污染环境问题，而且一年能从含砷废渣中提炼高品质三氧化二砷 1000 多吨，创造了很好的经济效益、社会效益和环保效益。

5. 烟气→废热锅炉回收余热→蒸气→余热发电

该产业链是园区内的能源回收再利用产业链。铜冶炼产生的烟气，通过废热锅炉来回收余热，然后产生的蒸气用来发电，生成的电力再用于园区的生产。

（三）生态工业园区

最为成熟的是江西贵溪工业园。江西贵溪工业园位于鹰潭市，是2002年江西省委、省政府依据贵溪铜资源等诸多方面优势决定筹建的。江西铜业（贵溪）生态工业园区是以铜冶炼产业、稀贵金属产业和硫化工产业为主体的工业园区。这三个主体在园区中起主导作用，与之相配套的行业主要有电力行业、采矿行业、建材行业、铜产品加工行业、电子产品生产行业、化肥生产行业、供水行业、环保行业等。目前，贵溪工业园有17个工厂，其中10个左右是铜深加工企业，各企业间实现了物资的综合利用。不同行业间错综的网络耦合是江西铜业（贵溪）生态工业园区的重要特色，也是园区能发挥最大效能的保证和基础，如图2－3所示。现在园区的经济发展良好，贵溪环保局的相关数据表明，园区的固体废弃物利用率基本达到100%，废水、废气也实现了综合利用。

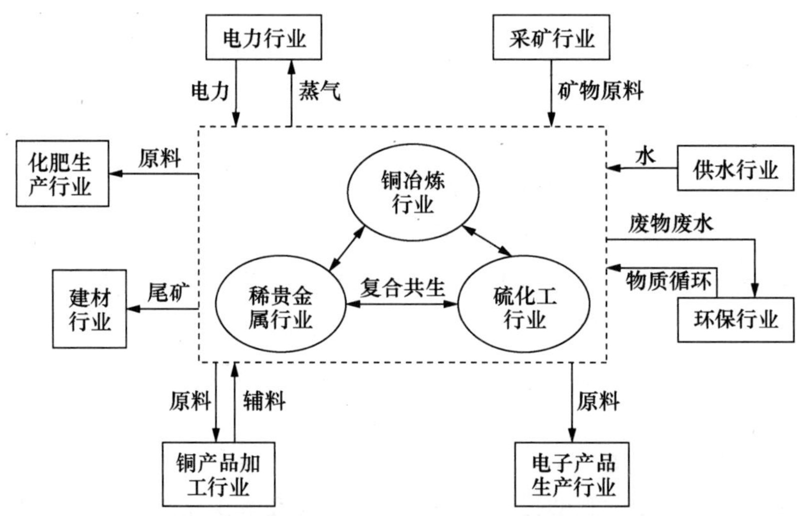

图2－3　江西铜业（贵溪）生态工业园区产业网络

三　铝产业循环经济模式

铝资源，具有密度低（质量轻）、耐腐蚀、塑性好（易延伸）、导热导电性好、弹性模量高、反射率高、外形美观、易回收再生利用等优点。铝广泛应用于交通运输、机械电器、电子通信、包装容器、建筑装饰、电气、航空航天、石油化工、能源动力、文体卫生、军事等领域，需求量仅次于钢铁，是第二大金属材料。铝工业作为可持续发展的储能工业，在国防军工现代化、交通工具轻量化和国民经济高速持续发展中占有十分重要的地位，是许多国家和地区的重要支持产业之一。

（一）主要环节的节能减排实践

1. 氧化铝过程

氧化铝生产过程中存在的主要污染物为大量的废渣赤泥、废水和废气。每生产1吨氧化铝要产生2.4千克二氧化硫、18.5吨废水、18500立方米废气、1.2吨废渣，对大气、水、土壤等生态环境造成了巨大的破坏和污染。赤泥是一种含碱较高（含氧化钠2.0%—3.0%）的细粒级土料，因其为碱性物质，对水质、土壤均有污染。国外对赤泥已进行综合利用，用作建筑材料、各种材料添加剂、吸附剂、修筑公路或处理后造地复垦等。

2. 电解铝过程

铝电解生产过程中会产生烟气，是气体和固体（粉尘）的混合物。铝电解过程本身并不使用水也不产生废水。废水主要来源于配套设施如：整流所、铝锭铸造、阳极车间、空间压缩站以及煤气站等工段的设备冷却或产品洗涤水。其中不与产品接触的间接冷却水一般不受污染，只是水的温度升高。铝电解生产时会散发以HF为主的有害烟气、氟化物飘落后废水进入废水处理站。铝电解工业产生的固体废渣主要为浮渣、废槽内衬、残阳极等。浮渣是电解过程中发生阳极效应等现象时从电解槽中捞出的含有铝的槽渣，浮渣可以萃取铝或直接返回电解槽。随着我国铝产量的提高，电解槽每年排出的废槽内衬逐年增加。研究表明，每生产1吨电解铝排出30—50千克废槽内衬。铝电解槽大修废槽内衬属工业危险废弃物，主要污染物为氰化物和氟化物，是铝厂造成环境污染的主要因素之一。

3. 再生铝

铝有很强的可再生性，所有废铝都可以直接进炉熔炼回收，回收废铝与冶炼原铝相比，可节约能源95%以上。在大宗使用的结构金属材料中，铝的回收率居首位，人类使用的铝有80%以上可得到回收与循环利用。铝在使用期间的腐蚀率比普通钢材低得多，复化废铝的能耗仅相当于从铝土矿开采到提取原铝全过程总能耗的5%左右，温室气体的排放量可相应减少，提取氧化铝会排放大量固态废弃物（赤泥），而生产再生铝则仅产生少量的固体废弃物。尽量多地回收废铝与利用再生铝对节约资源与发展循环经济有着特别重要的意义。2007年，我国再生铝产量为2750千吨，占国内铝产量的20%，产量仅次于美国，居世界第2位。据不完全统计，我国再生铝企业，现有2000多家。其中生产规模在1万吨以上的再生铝企业全国有 30 家左右，超过 10 万吨的有上海新格、江苏怡球等。

（二）生态产业链

铝工业的主导产业链，主要包括以“铝土矿→氧化铝→电解铝→铝材深加工”为主线的铝生产链（见图 2－4），以“煤→热电→气”为核心的能源产业链（见图 2－5），以及以“食盐→烧碱→聚氯乙烯（PVC）”为链条的化工产业链（见图 2－6）。

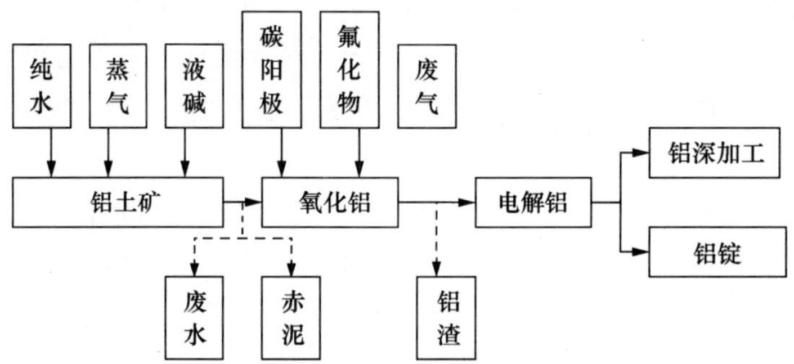

图 2－4　金属铝产业链示意图

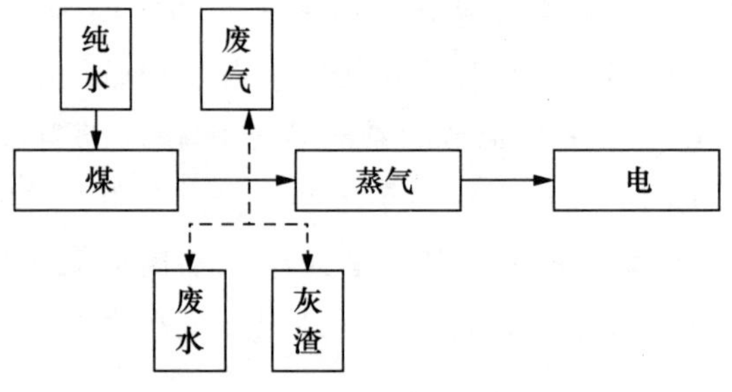

图 2－5　能源产业链示意图

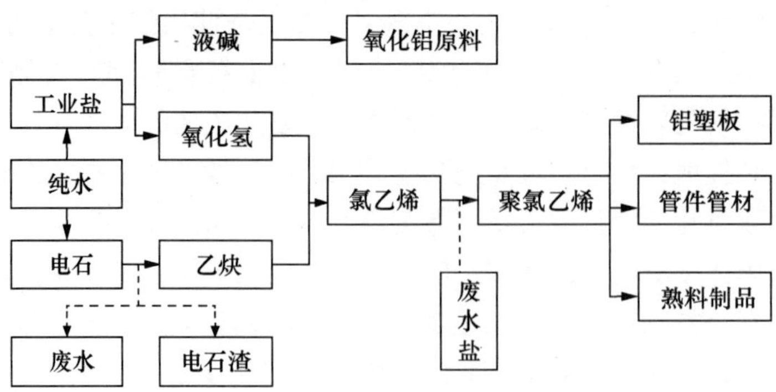

图 2－6　化工产业链示意图

铝工业涉及生产过程较为复杂，铝工业可以带动一系列的辅助产业，引导与铝生产相关的上下游产品产业的发展。由于产业延伸层次较深，每一部分都能形成一个相对独立网链，所以比较容易形成结构关系密切的产业网链。综观国内铝工业循环经济建设的成果，以“热电联产、铝电联营”为核心，打造铝土矿—氧化铝—电解铝—铝加工—资源综合利用为主导的产业链网，已成为当前国内铝工业发展的总趋势。为更好地发展循环经济，采用延链、补链和耦链设计技术，将相关产业链按“动、静结合，产业互补，资源共享，循环利用”的原则，规划出循环经济链网如图 2－7 所示。在这个产业链网中，以“铝土矿—氧化铝—电解铝—铝材深加工”为关键链，氧化铝和电解铝的生产规模决定与之配套的能源产业链和化工产业链的生产规模，从而基本确定整个产业链网的规模。在不同的产业链之间，进行物质、能量的相互耦合，实现资源的梯级利用与循环使用。需要特别说明的是水资源的循环利用方案，每个主导产业链在实现内部水资源梯级循环利用后，产生的废水排入污水综合处理系统，经处理后作为冲灰渣水等能源产业链补充用水。

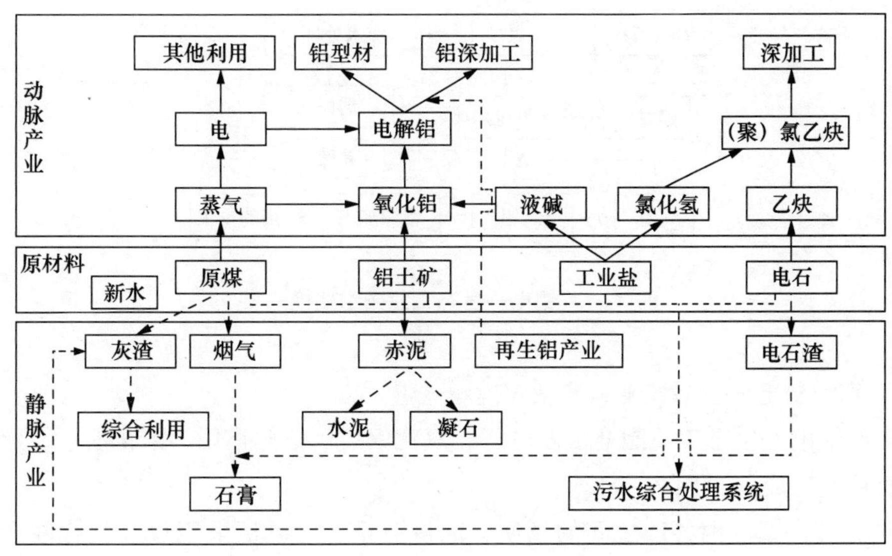

图 2－7 铝工业循环经济产业链网规划

经过主导产业链之间的耦合交互，降低了生产材料和能源成本，增加了产品附加值，显现了规模经济效益；通过上下游产品的生产衔接，降低了铝生产能耗，如直接用电解铝水进行铝产品加工；通过废弃物再利用，减少污染，提高了环境效益，如电石渣用于烟气脱硫，处理后污水作为电厂冲灰渣水等。

（三）生态工业园区

1. 铝电—生态工业园产业组建模式Ⅰ

铝电—生态工业园组建模式Ⅰ是以发电厂为核心企业，铝厂为龙头企业构筑的生态工业园（见图2－8）。在园区内通过铝电联营，实现物质副产品交换，电直供铝厂，降低铝的生产成本，提高竞争能力；发电厂的电还可用于建材厂、居民区、养殖业、废水处理厂和工业；煤矿、电厂、居民区产生的废水可直接流向废水处理厂，铝厂、电厂都是用水大户，有利于废水集中处理和回用，减少了环境污染，增加了净水的使用；煤矿、电厂和铝厂的副产品送往建材厂节省了资源；电解铝厂的铝锭可进行铝深加工，延伸产业链形成铝深加工系统、铝合金铸件系统、建材系统和稀土高新产业系统等子系统，扩大铝业的生存空间；区域集中供热，可取缔大量小锅炉，减少污染。

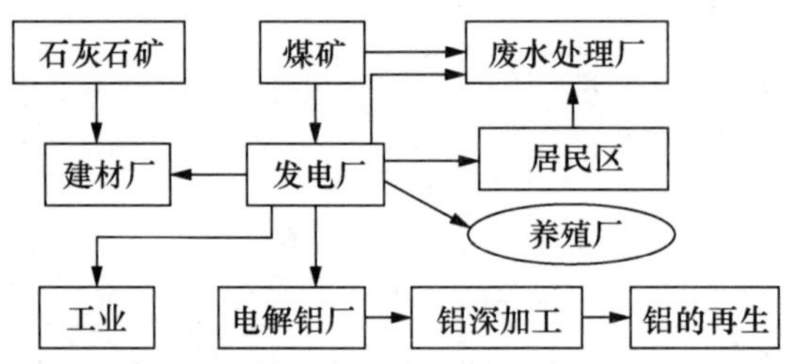

图2－8 铝电—生态工业园组建模式Ⅰ

2. 铝电—生态工业园产业组建模式Ⅱ

铝电—生态工业园Ⅱ由发电厂、氧化铝厂、电解铝厂、氟化盐厂、建材厂等组成（见图2－9）。

（1）园区内各厂之间的物质、能量关系。发电厂采用煤炭气化联合循环发电工艺，即煤炭气化生热煤气，热煤气进行脱灰、脱硫成为净煤气，净煤气燃烧推动燃气轮机发电。燃烧产物的热量经余热锅炉回收产生高压过热蒸气，蒸气进入汽轮机发电，一方面用于燃气轮机组成的联合循环发电，同时制取甲醇、醋酸、二醚等高附加值化工产品，实现煤气、发电、化工一体化的高效能源化工系统。电力除少部分自用外，主要用于电解铝厂生产电解铝，其余的用于氧化铝厂、氟化盐厂、建材厂。发电后的蒸气用于氧化铝厂的浸出等工艺和氟化盐厂、建材厂的生产用气，以及整个园区的生活用气。发电厂脱下的硫生产硫酸用于氟化盐。发电厂产生的煤气还用于氟化盐厂、氧化铝厂、建材厂、焙烧物料、干燥产品的燃料。氧化铝厂产生的主产品氧化铝用于电解铝厂生产电解铝。在充分回收氧化铝的固体废弃物赤泥中的稀有金属如镓等以后，废料送建材厂生产建材建筑材料，电解铝厂的废气氟氢酸用氧化铝厂产生的氢氧化铝溶液吸收，送氟化盐厂生产氟化盐。氟化盐厂的固体废弃物石膏用于建材厂生产建筑建材。建材厂的产品少部分用于园区建设，大部分出售。

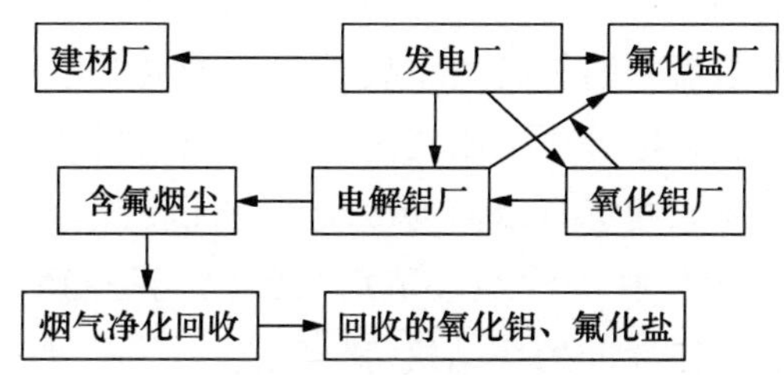

图 2－9　铝电—生态工业园产业组建模式Ⅱ

（2）园区的物耗分析。由于园区内的废弃物排放只有二氧化碳气体，无液体和固体废弃物排放，因此园区的资源利用效率很高，而发电厂采用煤气化联合循环发电工艺，发电效率可达 40%—43%（一般发电厂的效率只有 30%）。若发电后的蒸气进行充分利用，能源效率还可进一步提高。

四　铅锌产业循环经济模式

铅锌是与工业发展和人民生活密切相关的基础原材料。铅主要用于制造合金，按其性能和用途可分为：耐蚀铅合金、焊料合金、模具合金。铅的化合物在玻璃、涂料、陶瓷、医药、聚氯乙烯、军工和橡胶制品等工业得到广泛应用。锌与铜、锡、铅等金属制成合金，用于机械制造业；锌与铝、镁、铜等制成压铸合金，用于制造各种精密铸件。含锌喷涂材料用于钢材表面防腐；锌材是制造干电池的主要材料；锌的化学物是医药、橡胶、颜料和油漆等行业不可缺少的原材料。

我国铅锌常用金属的产量占全国有色金属产量 30% 以上，在国民经济发展中占有重要地位。近年来，我国铅锌工业实现了跨越式发展，成为全球主要铅锌消费国和出口国。我国精铅消费主要集中在铅酸蓄电池领域，占铅消费总量的70%以上，余下比例分布于氧化铅、铅合金及铅材。受汽车蓄电池需求拉动，电池占铅需求量的比例不断上升。铅酸蓄电池消费则又集中于电动车领域、汽车领域以及铅酸蓄电池的出口。在我国，锌的最终消费主要集中在建筑、通信、电力、交通运输、农业、轻工、家电、汽车等行业，中间消费主要是镀锌钢材、压铸锌合金、黄铜、氧化锌以及电池。由于经济持续增长，我国建筑业、汽车工业等行业的需求强劲导致了锌消费领域的需求大幅增长。

（一）主要环节的节能减排实践

1. 淘汰落后产能

限期淘汰土烧结盘、简易高炉、烧结锅、烧结盘等落后方式炼铅工艺及设备，以及用坩埚炉熔炼再生铅工艺。淘汰用土制马弗炉、马槽炉、横罐、小竖罐等进行还原熔炼再以简易冷凝设施回收锌等落后方式炼锌或氧化锌的工艺。2008 年年底淘汰经改造后虽然已配备制酸系统，但尾气及铅尘污染仍达不到环保标准的烧结机炼铅工艺。

2. 提升行业准入标准

国家《铅锌行业准入条件》中规定了铅锌冶炼企业的能源消耗指标，对铅锌冶炼企业的清洁生产提出新的要求。国家发改委在《关于规范铅锌行业投资行为加快结构调整指导意见的通知》中对铅锌冶炼的回收率、总硫利用率、循环水利用率、有价金属回收率等都给出了明确的指标。新建铅冶炼项目，粗铅冶炼须采用先进的具有自主知识产权的富氧底吹强化熔炼或者富氧顶吹强化熔炼等生产效率高、能耗低、环保达标、资源综合利用效果好的先进炼铅工艺和双转双吸，或其他二级吸附制酸系统。新建锌冶炼项目，硫化锌精矿焙烧必须采用硫利用率高、尾气达标的沸腾焙烧工艺。单台沸腾焙烧炉炉床面积必须达到 109 平方米及以上，必须配备双转双吸等制酸系统。

3. 再生铅锌

铅锌冶炼行业原料大都是来自铅—锌硫化矿床，这种矿床往往还伴生有 Au、Ag、In、Ge、Ga、Tl、Se、Te 等稀贵金属，以及 Cu、Bi、Cd、Co 等重金属。我国铅锌原料矿品位较低，成分复杂，铅锌冶炼工艺流程长，生产技术复杂，铅锌冶炼行业的废气中含工业粉尘、汞、镉、铅、砷等重金属，且二氧化碳浓度较高，废渣、废水排放量较大，污染严重。目前已大力开展回收二氧化硫制酸、废渣回收有价金属、冶炼余热余能的有效利用、废水处理及回用等措施来循环利用铅锌废料。铅锌再生行业制定了一定的相关政策，如电池销售必须贯彻以旧换新政策、锌产品需分类回收等。目前，再生铅锌行业重点发展的关键技术有：金属废料的预处理技术如铅酸蓄电池拆解分离技术；提高熔炼回收率的技术如废铅酸蓄电池的宫氧底吹处理工艺；降低铅锌再生生产能耗的技术如熔融态金属锌的运输技术；再生铅锌新产品开发技术如废锌锰电池无害化处理技术等。

（二）生态产业链

典型的铅锌产业生态产业链如图 2 – 10 所示。企业新建发电厂后，企业焦化厂、铅锌冶炼厂、发电厂形成相互依托关系，构成企业主要的循环产业链。铅锌冶炼厂以焦化厂生产的焦炭、净化煤气为能源；焦化厂利用铅锌冶炼厂回收制取的硫酸为原料，从荒煤气中回收硫酸铵，并以部分鼓风炉煤气为能源。发电厂利用焦化厂富余焦炉煤气及铅锌冶炼厂低热值煤气和铅液冷凝器余热发电，并供应焦化厂和铅锌冶炼厂部分用电。

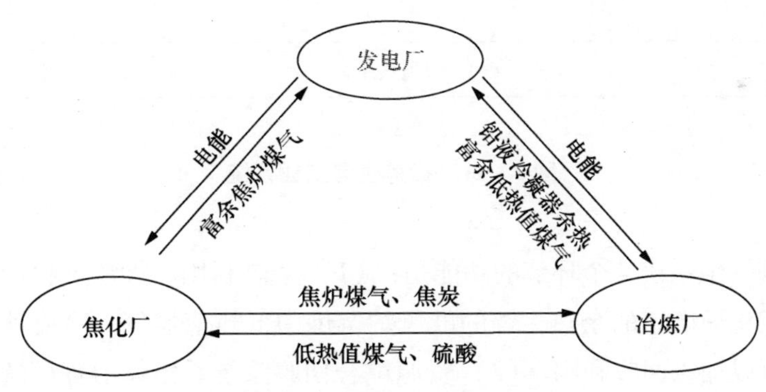

图 2 – 10　铅锌产业生态产业链

除此以外，企业内部还存在着“荒煤气—副产品（焦油、硫酸铵、粗苯）”、“烟气—硫酸—硫酸铵”、“废渣—贵金属”和“污水—污水处理站—熄焦”等多条产业链的循环运行。

（三）生态工业园区

一个包括采矿、冶炼、深加工、废弃物回收利用的完整的铅锌生态工业系统如图 2 – 11 所示。该系统分复合共生和偏利共生两大系统。偏利共生又可分为上下两大部分，上部分主要是关于铅锌资源，包括矿产和再生，是产业链的向上延伸；下部分则是关于清洁生产、资源综合利用等，是产业链的向下延伸。

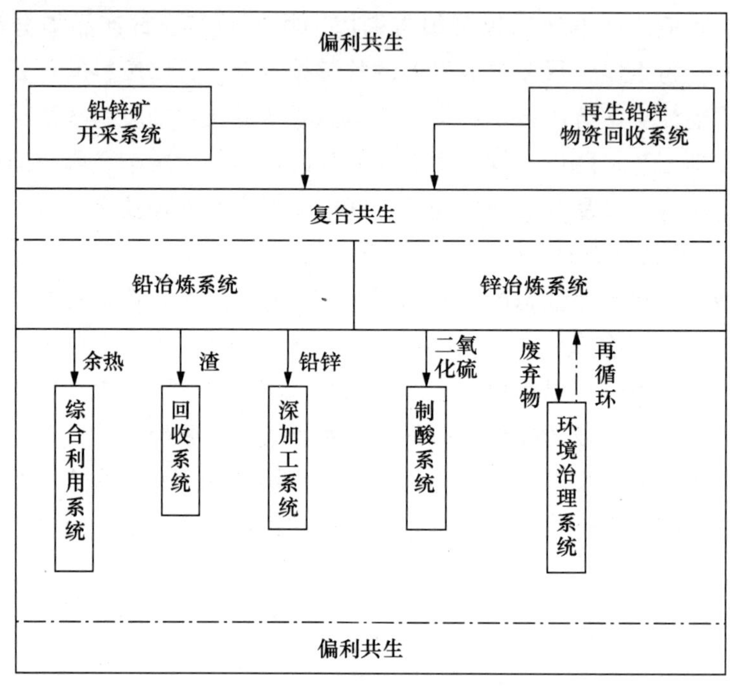

图2－11　铅锌生态工业系统

偏利共生系统几个环节的功能是：（1）余热利用。火法炼铅中鼓风炉熔炼、烟化炉产生的余热，锌的鼓风炉熔炼中低热值煤气、冷凝器循环铅潜热都可以加以回收利用。（2）资源综合回收系统。铅锌冶炼厂的原料大都源于铅锌硫化物矿床，伴有多种稀贵金属，因此，铅锌冶炼厂在生产主要的铅锌的同时，加大稀贵金属回收力度，做到最大程度综合利用。（3）深加工系统。冶炼企业和化工、冶金、材料行业结合，生产铅锌制品，而冶炼产生的副产品硫酸用于冶金、化工，呈现共生企业。（4）制酸系统。铅锌冶炼工艺多用火法冶炼，即便湿法炼锌，其原料也需干燥和焙烧，过程中产生的大量烟尘和废气中的污染物主要为二氧化硫。（5）环境治理系统。主要指的是污水处理。铅锌企业排的污水含重金属，必须处理，另外要重视提高水的复用。

复合共生系统（铅锌冶炼）则指铅锌矿石通常是共生的，加上其冶炼特点，使得它们的生产技术互补性很强，因此铅锌冶炼常融合于一个企业或组成联合企业，形成复合共生系统，原料互用，实现资源的有效利用。

五　不同金属产业循环经济模式的比较分析

（一）共性内容

金属产业都是很重要的原材料工业，在国民经济都占据着重要地位，是很多行业和人们生活不可或缺的重要材料。这些年，金属产业都不同程度地得到了迅猛发展，但与此同时，发展特别是初期的粗放型发展，带来了许多的负面问题。目前，金属产业都面临矿产资源贫乏，贫矿多富矿少、资源已限制发展、能耗高、物耗大、废弃物多、污染严重、再生金属的发展不具规模规范等问题。

我国各个金属产业的平均资源产出率、利用率、综合利用水平，再生资源利用率等和国际水平相比都偏低，巨大的消耗和生产成本给我国经济发展带来了沉重的负担，成为提高竞争力的障碍。

因此，金属产业要可持续和健康发展必须实行循环经济的发展模式。纵观循环经济的发展，核心是坚持并落实好减量化、再利用、资源循环利用这三大原则，其中资源循环利用是重要内容。再生金属生产已成为我国金属循环经济的重要方面，是实现节能减排根本的途径。再生金属产业的发展因此受到了国内外社会各界的广泛支持与关注。但金属产业发展所需的诸如节能减排技术、再生技术、冶炼加工技术等，往往科技含量很高，目前是制约我国金属产业循环经济发展的薄弱环节。

金属行业循环经济发展的重点有：提高采、选、冶、加工等各生产环节的资源利用率；提高伴生元素的综合利用率；采矿废石、选矿尾矿、冶炼废渣的利用；节能、能耗梯级利用；节水和水的循环利用；减少“三废”排放，减轻环境负荷；矿山土地资源的复垦；废金属的回收、拆解及再利用；废金属的优质优用和提高直接利用比例；废金属利用领域提高利用率、节能、节水和环境保护，减少“三废”排放等。

（二）主要差别

经整理分析，在我国金属产业循环经济发展模式上，黑色金属钢铁与有色金属之间有较大差异，有色金属的铝、铜、铅锌之间也存在一定的差异。表2－1对钢铁、铜、铝、铅锌这几个主要金属产业间的异同进行了总结比较。

表 2－1　金属循环经济发展模式比较

	钢铁	铜	铝	铅锌
产业特征	用电、水大户；生产流程具高温特性；最易于回收、可再生；产业关联性高	资源供需缺口大；低品位、废铜资源丰富；产业集中度低；工序多、流程长、设备规模大	我国铝工业近年来发展迅猛、铝消费量居高；铝被广泛应用于各行各业，仅次于钢铁；易回收、再生；铝的使用不会对环境造成污染	铅主要用于制造合金，锌与铝、镁、铜等制成压铸合金，用于制造各种精密铸件；基础原材料，国民经济发展中占有重要地位；全球主要的铅锌消费国和出口国
节能减排	固废、废气数量惊人；二氧化碳排放量大，占工业排放的第二位	繁杂的选矿、冶炼方法使能耗居高不下；二氧化硫回收率较低；余热利用效果差；技术整改是关键	电解铝耗电量大；铝矿品位差致使氧化铝生产能耗高；铝工业的技术装备和管理水平提高，生产成本明显下降	铅锌冶炼行业能源消耗增长速度远远超过国家能源生产增长速度；节能潜力大、空间大；冶炼余热余能的有效利用
废气处理	除尘；利用余压、余热	主要污染物：二氧化硫、烟尘	氧化铝：尘电解铝：粉尘、氟氢酸、沥青烟	主要污染物：二氧化硫、烟尘回收、二氧化硫制酸
废水处理	废水成分复杂，需采取不同方法进行处理；炼铁厂：未被污染的冷却后、污染的经适当处理后循环使用或供其他用户使用。炼钢厂：主要是除尘污水，含大量氧化铁和杂质，处理后回用和外排。轧钢厂：热轧、冷轧产生污水性质不同，需分别处理，热轧废水处理后一般循环利用，冷轧直接排放	酸性重金属离子污水，主要来自铜火法粗炼、湿法精炼和烟气制酸过程	铝电解过程本身并不使用水也不产生废水	铅锌冶炼污水处理方法主要有中和沉淀法和铁氧体法

续表

	钢铁	铜	铝	铅锌
废渣处理	有毒废物少，有用元素含量高，广泛应用于建筑工程、路基、水泥制造	含铁量高、有价值金属元素多；废渣利用率较高；利用方法多，主要包括：提取有价金属、生产化工产品、建筑材料	氧化铝：赤泥中回收有价金属，回收铝钛钒铬锰等金属，生产水泥、砖、硅钙肥料和塑料填充剂，制造炼钢用保护渣，做保温材料，矿山采空区充填料等，电解铝：主要为浮渣、废槽衬、残阳极等。废槽内衬主要污染物为氰化物和氟化物，是铝厂造成环境污染的主要因素之一	铅渣回收铅、制备三盐基硫酸铅、生产建筑材料；锌渣回收多种有价金属、制备七水硫酸锌、制备锌粉
金属再生	数量大；循环利用最快	再生利用性能良好；再生铜金属产业仍处于“散、乱、差”状态；再生铜资源种类繁多，再生方法也不相同（再生铜的技术工艺）	铝的回收率居首位；人类使用的铝有80%以上可得到回收与循环利用；铝在使用期间的腐蚀率比普通钢材的低得多；大规模的先进再生铝企业少	铅锌的再生利用还远远落后于世界发达国家的水平，开发再生铅锌资源的潜力很大
副产品	煤气	硫酸（有色冶炼烟气制酸）		
产业链			以“热电联产、铝电联营”为核心，以“铝土矿—氧化铝—电解铝—铝加工—资源综合利用”为主导的产业链网	企业新建发电厂后，企业焦化厂、铅锌冶炼厂、发电厂形成相互依托的关系，构成企业主要的循环产业链
生态工业园	发展较完善，主要有：包钢	最为成熟的是江西的贵溪工业园；其次是2006年初步建成的云南铜工业园；再次是正在筹建中的阳谷祥光生态工业园（千亿）暨年产32万吨铜深加工项目		

六 金属产业循环经济发展的对策

（一）存在主要问题

1. 钢铁产业存在问题

（1）原材料不足，甚至紧缺，贫矿占比高。我国的铁矿 97% 以上都是难以直接利用的贫矿，难于开采，铁矿石需要大量进口；焦煤（尤其是主焦煤、肥煤）资源不足，需进口，以满足炼铁需要。

（2）用电大户、用水大户。钢铁产业链从采矿、选矿、冶炼、深加工、废钢回收等对电力和水源的需求都比较大。

（3）钢铁产业废气的排放量，占全国 40 多个行业总排放量的 18% 左右，位居第二。就二氧化碳而言，约 50% 的排放来自工业生产，钢铁产业位居第二。

（4）钢铁产业废水治理和循环利用水平不高。钢铁产业的废水排放量大、污染面广、成分复杂，循环利用率虽然不断提高，但离国际先进水平还有一定的差距。

（5）固体废弃物综合利用率有待提高。钢铁固体废弃物虽然有毒废弃物少，但发生量大，种类繁多。生产每吨钢的固体废弃物超过 0.5 吨，仅次于矿业和电力，居第三位。虽然部分尾矿砂、炉渣、尘泥通过日益进步的技术能够回收利用，但钢铁产业用于环保的投资仍然有限，导致钢铁产业依然是严重的污染源。

2. 铜产业存在的问题

（1）资源贫乏、性质复杂。我国同样缺乏铜矿，供需缺口较大、大部分需依赖进口，严重限制了我国铜产业的发展。同时，因为铜矿性质复杂、含铜品位低，导致选矿和冶炼需采取的环节多、能耗高。

（2）资源利用率较低。我国采矿至冶炼的资源综合利率为 30%—50%，而工业发达国家可达到 70%；铜冶炼的资源综合利用率为 40%—60%，而工业发达国家可达 90% 以上。企业的二氧化碳平均利用率约为 76%，仅有少数企业可以达到 90% 以上，而国外普遍可以达到 96% 以上。铜冶炼厂水的复用率有待提高。

（3）余热利用技术与先进水平差距很大。铜冶炼过程中产生大量的余热和余能，其再生利用已经得到了广泛的重视，但余热梯级利用技术与国际先进水平的差距仍然较大。

（4）再生铜金属产业处于“散、乱、差”状态。我国废铜回收主要通过社会闲散的渠道来回收，废铜回收后的分类和再生利用水平还有待精细和提高。

3. 铝产业存在问题

（1）铝土矿的矿物性质不理想。有工业价值的98%都是溶出性最差的一水硬铝石型铝土矿。

（2）能耗高。氧化铝、电解铝生产是典型的电力密集型产业，大量消耗二次能源电力。

（3）再生铝企业规模普遍较小、回收技术落后。我国再生铝企业，除江苏怡球、力士达、上海新格、上海华德铝业、三门峡天元铝业等公司外，规模大、技术先进的企业太少，大量设备简陋、不具规模、技术落后的小型熔炼点，带来了烧损大、金属实收率低、品种混杂、不能深加工等弊端，对环境污染较为严重。

4. 铅锌产业存在的问题

（1）铅锌原料矿的品位较低、成分较复杂；

（2）冶炼工艺流程长，技术复杂；

（3）冶炼废气中含工业粉尘、镉、铅、汞、砷等重金属，二氧化碳浓度较高；废渣、废水量大，污染较严重；

（4）副产品较多、资源浪费严重；

（5）再生水平落后于世界发达国家。

综上所述，这几大主要金属产业重点问题主要涵盖以下几点：矿产资源禀赋差；原材料供给不足、供需缺口大；金属再生行业不够规范；小型采矿、冶炼、加工企业的存在，加剧了资源能源的消耗，加重了环境污染；技术创新力度亟待进一步加强，需要研发适应我国金属产业发展的技术；等等。

（二）金属产业循环经济发展的对策

1. 金属产业发展循环经济一般对策

针对金属产业存在的共同问题、重点问题，通过对现有成功案例的分析、成功做法的总结，给出金属产业发展循环经济的一般对策如下。

（1）加强生态道德观念建设，加大宣传力度，使循环经济观念深入人心。左铁镛院士（2005）在《推动我国循环经济发展的政策建议》一文中，说："目前全球性的资源和环境危机，其实质不是单纯的经济和技术问题，也是文化观念和价值取向问题。要解决面临的危机，人类必须进行一场深刻的思想变革，创建以保护地球和人类可持续发展为标志的环境伦理和生态文明。”因此，循环经济的实施，不仅要政府倡导、企业自律，更要社会广大公众提高参与意识和能力。通过积极展开循环经济的宣传、教育及培训，使得和循环经济发展密切关联的生态环保、资源节约活动，逐步变成全体公民自觉行为，强化他们的责任意识。

（2）加大政府引导、市场推进力度。金属产业的发展受到市场调控、政府调控这两种控制，若市场失灵，则需要政府出面，予以干涉。如今，在利益驱使下，出现了盲目的扩张、低水平的重建、资源不合理开采、环境污染严重等问题，市场调控已经失灵，需要政府加强行业管理，出台完善的法律法规、明确的行业政策，建立金属工业的有关能耗、污染排放等的标准体系。最终形成以政府为主导、市场推进、公众参与的机制。

（3）完善促进循环经济发展的政策及法律法规。金属产业循环经济体系的建立，政府立法、产业政策是两个关键。法律是制度的基础、政策完善是实施的保障。我国环保法律中大多是基于分段治理、末端治理的被动措施，因此要加以改善，并对笼统的概念性表述进行完善和细化，依法推动循环经济的发展。税收是国家宏观经济调控的重要手段，对于引导、干预企业经济行为有着无以替代的重要作用。因此，需调整税收政策，使其更具系统性、针对性，内容更全面和规范。

（4）认清科学技术在循环经济发展中的核心作用，着力自主创新。先进的科学技术是循环经济的核心竞争力，先进适用的生态循环技术和设备是发展循环经济的基础条件，是建设循环经济的决定性因素。

从技术层面看，我国生态环境问题主要产生于三个方面：一是资源消耗增长过快；二是资源利用效率过低；三是资源再生化率不高。无论是单位 GDP 的资源、能源消耗率，还是矿产资源的回收利用率都与世界平均水平有很大差距。发展循环经济的直接目的就是要提高资源利用效率（即资源消耗的源头减量化），而工业物质的循环效率是整个循环经济的核心。因此，必须依靠科技创新，建立符合国情的循环经济技术支撑体系。

循环经济的支撑技术体系由替代技术、减量技术、再利用技术、资源化技术和系统化技术五类构成。这些技术是构筑循环经济的物质基础，是建设循环经济的技术依托。因此，要实现循环经济，必须集中科技力量，大力研究这些技术，只有在这些技术上取得了突破，循环经济发展才能有效而快速地推进。

2. 钢铁产业的发展对策

（1）节能减排的途径。调整产品结构、优化生产流程；调整原料结构，立足精料方针；优化能源结构，提高能源转换效率；加强余热、余能的回收，争取“热尽其用”；处理一定量社会废弃物。

（2）先进的节能技术。焦化煤调湿；干熄焦（CDQ - Coke Dry Quenching）技术；干法除尘技术——既节水又节能；蓄热式轧钢加热炉技术；高炉炉顶余压发电 TRT；开发低温余热回收、炉渣显热回收技术；建立能源管理中心。

（3）先进的减排技术及措施。进一步改进现有生产工艺；生产高性能钢材；加强高炉渣用于水泥工业的实施；二氧化碳分离、储存与再资源化；非碳能源的使用。

（4）重视以废钢为主要原料的电炉短流程钢铁生产。这种生产模式投入低、消耗低、排放量小、效率高、产品附加值高，而且消纳了很大部分的废钢。

（5）充分利用钢铁产业关联性强的特点，建立工业生态链、链网、工业生态园，推进循环经济。

3. 铜产业的发展对策

（1）实时进行结构调整，不断采用高新技术改造传统工业，加大淘汰落后力度。

（2）积极推行清洁生产，制定相应环境保护方针、策略，强化环境管理、污染治理等工作。

（3）不断改进冶炼技术、冶炼设备，降低粗铜的单位电耗，提高熔炼速度，加强熔炼能力。

（4）国家发改委、财政部等部门先后出台了有关铜工业宏观调控的若干文件，综述有以下几方面要点：严格执行铜冶炼及铜加工项目的备案制、出台铜冶炼企业准入条件、制止铜冶炼的盲目投资、铜产品出口政策调整、发展金属再生行业。

（5）对铜原料进行统一运作，组建战略联盟，通过彼此优势互补，统一对外谈判、签约，来降低交易成本，实现“多赢”。

（6）成立铜行业协会，发挥大企业联合力量，争取我国在国际贸易中的话语权。在协会组织的领导下，与政府、国际组织加强联系，存大同、求小异，构建铜行业和谐业界。

4. 铝产业的发展对策

（1）氧化铝工业节能减排的方向及途径：加强能源管理，防止浪费、流失；降低氧化铝生产过程的蒸发系统的能耗；注意对赤泥的综合利用；提高工业所需水的利用率，尽可能做到零排放；重视为氧化铝生产过程提供蒸汽的热电厂的减排工作。

（2）氧化铝工业推荐工艺及技术：新的蒸发工艺——降膜蒸发器和高效闪蒸汽结合应用、超声波防垢技术的应用；变频技术的应用。

（3）电解铝工业节能减排的方向及途径：加快铝电解技术和装备的开发与优化，实施产业化，全面提升电解铝技术装备水平；完善、推广现有的先进技术，开展关键技术的科技攻关；控制电解槽含氟烟气排放，提高电解烟气净化水平；减少阳极效应，以控制过氟化碳这种强劲的温室气体的排放；采用新一代的阴极内衬材料或提高阴极材料的质量，以提高电解槽的寿命，赶上国际先进电解铝技术。

（4）电解铝工业推荐工艺及技术：硼化钛—胶体氧化铝涂层阴极新技术；与氮化硅结合的碳化硅耐火材料用作铝电解槽侧壁内衬新技术；在大型预焙槽清洁生产工艺基础上采用的新技术。

（5）铝工业发展规划和政策。2001 年以来，国务院及国家税务总局、国家发改委等先后出台了 20 余个关于铝工业宏观调控的文件，用以指导调整铝工业的发展，包括清理违规项目、严格环境评估和环保监督、取消优惠电价实行差别电价、降低铝材出口退税，等等。

5. 铅锌产业的发展对策

（1）铅锌工业节能减排的方向及途径

逐步淘汰矿山高耗能设备；采用强化冶炼工艺、连续吹炼工艺和湿法冶金等铅、锌冶炼技术；进行炉窑和余热装置一体化设计，以提高冶金炉窑的余热回收率；设备大型化、生产规模化；提高生产管理水平、操作技术水平；电平衡测试的应用，揭示电能损失的环节，提高电能利用率；将精矿冶炼过程都放在完全封闭的建筑中进行，减少烟尘的排放。

（2）铅锌工业推荐工艺及技术

直接炼铅工艺——基夫赛特法、氧气底吹炼铅法（QSL 法）；湿法炼锌新工艺及技术——鲁奇式沸腾焙烧炉的应用：提高气体流速，减少烟尘率；富氧在锌精矿沸腾炉焙烧中的应用：强化了焙烧过程，提高了焙砂质量、烟气中二氧化碳温度；连续浸出技术；两段浸出法：提高浸出率；氧压浸出技术：可处理低品位矿石、浸出率高、污染小、流程简单；目前较新的溶液净化技术：反向锑盐法、铅锑合金锌粉法除钴；锌电积：国内外都达到了较高水平，减少电能消耗的同时能产出高质量电锌。

第二节 非金属产业循环经济发展模式

非金属产业主要包括非金属原料类和燃料类产业，即能源行业、化工行业、建材行业，而煤炭业、磷化工业、水泥业是能源、建材、化工行业中最具代表性的行业。非金属产业也是高消耗、高排放、高污染产业，在发展循环经济上有着特殊优势，一些非金属产业如建材行业不仅是资源消耗、环境污染大户，也是利用各类废弃物最多、潜力最大的行业。

一 煤炭业循环经济发展模式

（一）主要环节的节能减排实践

（1）大力发展节能技术，减少煤炭资源消耗。做法是：推广高效燃烧设备、先进的燃烧技术和系统，对工业窑炉、锅炉及其他燃煤设备进行更新改造，如采取分层加煤、燃烧型煤、加装烟气净化装置等；开发、生产先进的中小型燃煤锅炉换代产品，逐步淘汰现有的落后技术及装备；减少技术落后的中小型锅炉数量、变分散供热为集中供热；通过热电联产、热电煤气联供和能量梯级利用技术的推广，提高供热系统效率。

（2）提高煤炭企业集中度。合并、整合小型煤矿，发展节能减排技术水平高的大型煤矿。

（3）煤矿“三废”治理及资源化。煤矿每年排放的大量废气中，瓦斯资源可以用来发电或作民用燃料、化工原料。矿井废渣主要是煤矸石，已经大量用于发电、矿井回填或作为建材。矿井水经过简单处理可用于煤矿生产用水，主要包括矿井开采及原煤洗选用水；处理达标的矿坑水可用于农业灌溉、农村生活及林、牧、渔业的供水水源等。

（4）煤炭加工“三废”治理及资源化。煤炭加工中产生的高纯度煤气的主要成分是二氧化碳和氧气，不但可以用作城市生活煤气的供应、发电，也可以作为化工原料合成氨、制备甲醇等。通过发展新型脱硫技术，减少烟气中二氧化碳污染，利用烟气脱硫产生的二氧化碳作为硫酸生产的原料。粉煤灰、煤泥已经大量用作混凝土的掺和料，制空心烧结砖、水泥等。

（二）生态产业链

煤炭行业生态产业链主要有煤—电复合产业链、煤—化工产业链、煤—电—高能耗产业、煤—矸石、煤泥—建材产业链等。

1. 煤—电复合产业链

（1）煤—电。依靠矿区丰富的煤炭资源、煤矸石、煤泥、瓦斯、焦炉气，配建大型燃煤坑口电厂和低热值燃料综合利用电厂。煤电产业链变运煤为输电和供热，一方面使有污染的一次能源转化成清洁的二次能源，另一方面满足了矿区的用电需求和集中供热需求。

（2）煤—电—化。在洗选的基础上，煤矸石、煤泥用来发电，通过煤炭的气化、液化或焦化对中煤、精煤进行深加工，生产型煤等洁净煤。该产业链的运行可以提高煤炭的利用效率，提高煤炭产品的附加值，保护环境。其中煤炭焦化产品链（即煤炭经洗选加工后炼焦，焦油深加工形成煤化工产品链）适合炼焦煤品种较齐全的大型矿区。

（3）煤—电—高能耗产业。矿区重点发展火力发电和消耗电能的高能耗产业，变输电为利用电力和当地资源生产高能耗产品，如电解铝、硅铁、碳化硅、石墨电极、金属镁等产品。

（4）煤—电—生态复垦一体化产业链。利用煤电联营产生的灰渣、矸石、煤灰开展生态复垦、回填塌陷土地，开展养殖、种植活动。该产业链不仅使矸石、灰渣等废弃物得到循环利用，保护了生态环境，减少了矿区的污染治理费用，还为矿区房地产开发和建筑业的发展提供了条件，实现了环境效益和经济效益的双赢。

2. 煤—化工产业链

（1）煤气（液）化产业链。煤气（液）化指煤炭通过气化或液化转化为可燃气体或液体，用于工业和民用，同时生成煤基化工产品。煤气化工艺流程为：生产出的原煤进行简易筛分，除去大部分矸石后送入大型气化厂进行气化。在气化厂内，产生大量的高温高压蒸汽直接进行蒸汽轮机发电，生产的煤气通过净化、除杂质（如回收硫，生产单质硫或其他硫类产品）后，送入合成厂，合成氨或氨类产品、甲醇及其甲醇下游产品、合成汽油或柴油及替代燃料、乙烯或丙烯等基础化工原料。例如，平煤集团积极探索煤炭—气化—精细化工产业链，取得了较大成就，形成年产甲醇80万吨、碳铵30万吨、合成氨18万吨、尿素30万吨、离子膜烧碱15万吨、糖精8000吨的生产规模。

（2）煤焦化产业链。第一，焦化企业通过提炼煤焦油、粗苯、二甲醚等化工产品进一步生产酚类、萘类、洗油加工类、各种沥青、油品等多种精细化工产品。第二，以煤炭作为原料，以煤气化为龙头其产生的合成气一方面用于燃气轮机组成的联合循环发电，另一方面制取甲醇、醋酸、醋酐、二甲醚及合成氨等高附加值化工产品。第三，焦炭用于还原炼铁和有色金属处理，尾气用于城市煤气和生活热水。第四，制造以氢作原料的燃料电池，实现煤气、发电、化工一体化的高效能源化工系统，充分发挥综合开发优势，形成煤炭工业发展的新模式。例如，平煤集团以煤炭焦化为起点，形成煤炭—炼焦—焦油加工—碳素化工产业链。平煤现有焦化企业5家，年产冶金焦1000万吨、焦油45万吨、粗苯11万吨、化工用纯氢气8000万立方米、城市煤气6000万立方米，同时还生产炭黑、工业萘、纯苯、甲苯、二甲苯、煤沥青等多种煤化工产品。

3. 煤—矸石、煤泥—建材产业链

利用煤炭开采过程中伴生的、原煤洗选加工过程中产生的煤矸石、煤泥以及煤炭加工生产中的粉煤灰作为建材业原材料，发展新型建材业。这一产业链不仅实现了煤炭业的废弃物资源化，还为建材业的发展节约了原材料，一举两得。例如，平煤集团建成河南省单产最大的水泥生产企业——瑞平石龙水泥有限公司，年产水泥熟料310万吨。建有煤矸石砖厂7座，粉煤灰混凝土砌块厂2座，年生产煤矸石砖5.2亿块，粉煤灰混凝土砌块50万立方米。

二　磷化工产业循环经济发展模式

磷化工产业的特点是：（1）属资本密集型行业。投入大，产出也大，随着产品链的不断延伸，附加值大幅度提高。（2）属技术密集型行业。生产技术的提高对改进产品的质量、新产品开发、降低成本起着决定性的作用。其中中低品位磷矿制取工业磷酸技术、窑法磷酸技术、湿法磷酸净化技术、精细磷化工绿色合成技术等一系列技术对磷化工行业可持续发展、提高竞争力有着重要作用。（3）属高能耗行业。磷化工能耗高，如我国黄磷电耗为16000千瓦时/吨。（4）属高污染行业。在磷化工生产中不可避免地产生大量“三废”，这是由其化学反应基本特征决定的，每生产1吨黄磷，排放的磷渣土在10吨左右，尾气2800—3000立方米。

（一）主要环节的节能减排实践

1. 余热利用

开发磷酸余热回收装置，利用磷酸生产的余热替代燃煤锅炉向生产装置供汽；黄磷尾气中有热源和一氧化碳等，其中含量约占90%的一氧化碳可以用作燃料、有机化工原料（用来生产甲酸钠、甲酸、草酸、甲醇、甲酰胺、聚甲醛、醋酸、乙酸、甲酸甲酯、碳酸二甲酯等高附加值的化学品）和合成气；黄磷尾气还可以用来联合发电。

2. 固体废弃物及利用

磷化工开采、生产中产生的固体废弃物主要有矿山尾矿、废石；湿法磷酸生产中产生磷石膏；黄磷生产中排出磷渣、碎矿、粉矿、磷泥、磷铁；硫酸生产中排出硫铁矿渣、钙镁磷肥高炉灰渣等。其中，每生产1吨黄磷副产磷渣10吨左右，每生产1吨重过磷酸钙副产磷石膏316吨。

磷渣可以进行多方面的综合利用：①用作硅钙肥、混凝土添加料（细微粉）；②用作水泥缓凝剂、混凝土添加料（细微粉）；③生产“磷渣免烧砖”和“磷渣微晶玻璃”、保温材料等高档装饰材料。

国内外磷石膏利用途径主要有：①作为石膏粉体材料和建筑材料等；②作为造纸和油毡生产的填充剂；③制硫酸联产水泥；④回收硫并联产筑路材料；⑤作为土壤改良剂；⑥充填磷矿废矿井采空区。

3. 磷矿中伴生物综合利用

磷矿伴生资源主要有氟资源、稀土氧化物、碘资源、砷资源等。

磷矿中含有3%的氟元素。在湿法磷酸、过磷酸钙的生产过程中，氟将会以HF和SiF的形式逸出来，如不加以回收利用，会对环境造成极大的危害。目前，磷化工行业对氟元素仅进行简单的加工处理，水洗生产氟硅酸进而加工价值极低的氟硅酸盐，氟资源的价值被贬低。应加大对磷化工生产中氟资源回收和利用技术的研究，提高磷矿石综合利用的价值。可以采用湿法磷酸回收氟制氟化铝，制无水氟化氢进而发展制氟烃。

磷矿中伴生的稀土氧化物是重要的稀土资源。磷矿中尤其是一些低品位的磷矿中，稀土的含量较高，开发价值很大。因此结合磷矿的浮选、湿法磷酸的生产综合开发磷矿中稀土资源的回收是延长我国稀土资源使用年限的重要出路之一。

磷矿中还伴生碘资源。我国目前碘资源缺乏，其价格高达16万—22万元/吨。从磷矿回收碘，生产成本低，经济效益显著。碘资源回收技术对加强对碘的综合利用至关重要。其中宏福公司与贵州大学合作开发磷矿石伴生碘资源回收技术，并成立联合研发中心，已建成年产5吨的碘回收中试装置并生产出合格产品，现正在建设的年产100吨碘回收工业化装置，将以碘为基础，开发众多的系列产品，可创产值10亿元，为我国开发利用碘资源提供了借鉴。

（二）生态产业链

1. 产品生产产业链

（1）黄磷（黄磷尾气为燃料）→五钠、六偏、次磷酸钠→三偏磷酸钠、偏磷酸钾、牙膏级磷酸氢钙等精细磷产品。

（2）矿石加工、磷酸→磷复肥（以磷酸铵盐为主），磷酸精制→磷酸盐，黄磷→磷酸→磷酸盐→精细磷酸盐→专用磷酸盐。

（3）煤（煤气化）→合成氨→磷铵产品。

该产业链可以同时与氯碱、煤炭和化工产业综合配套，形成产业链的有效和有序的延伸、交错和扩张，从而组成综合性的化工产业链。

2. 废弃物利用产业链

（1）磷石膏→硫酸→水泥产业链

磷石膏联产水泥和硫酸技术是将磷石膏高温分解，所得二氧化硫用于生产硫酸，CaO用于生产水泥。山东鲁北集团总公司建成了世界上最大的磷石膏—硫酸—水泥联产装置，即150 kt/a磷酸铵，200 kt/a磷石膏制硫酸联产300 kt/a水泥的生产线。整个生产过程无“三废”排出，资源得到高效循环利用，形成一个功能完善的生态产业链。

（2）废渣利用产业链。磷泥→黄磷、次磷酸钠→残渣、磷化氢→亚磷酸、磷阻燃剂→亚磷酸酯增塑剂；磷渣→水泥。

（3）废气利用产业链。烟气（脱硫工艺）→硫酸。

（4）副产品利用产业链。氢气（烧碱装置副产）→过氧化氢；氯化钠（草甘膦生产中的副产品）→氯碱→烧碱→甲酸→氯气→三氯化磷和盐酸→草甘膦。

3. 生态工业园

以贵阳开阳磷煤化工国家生态工业示范园区为例。该园区已有开磷集团、开阳路发化工有限公司、开阳安达磷化工有限公司等16家规模以上企业入驻园区，形成的主要产品产能包括185万吨磷铵、12万吨黄磷、20万吨氢钙、12万吨三聚磷酸钠、10万吨甲酸钠、2万吨甲酸等。园区以磷化工为重点，以煤化工、氯碱化工、能源工业、“三废”综合利用等产业为辅，形成复合型化工产业体系。通过磷、煤、氯碱、能源、“三废”等五大复合产业的横向耦合共生和纵向延伸发展，提高资源利用率、降低物耗、能耗和污染排放等指标，实现磷、煤化工产业升级、产品结构调整，完成资源型产业生态化的转型。园区模式如图 2－12 所示。

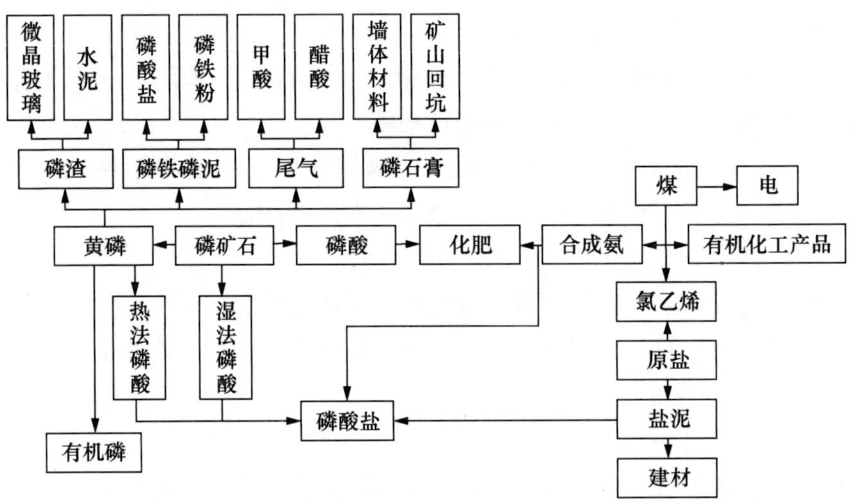

图 2－12 贵阳开阳磷煤化工国家生态工业示范园区发展模式

三 水泥业循环经济发展模式

水泥工业既是一个高耗能、高污染行业，是向社会提供工业产品的动脉产业，又具有独特的利废功能，是废弃物循环利用的静脉产业，可以协助全社会利用和消纳各种废料、废渣和城市生活垃圾等。

（一）主要环节的节能减排实践

（1）普及推广新型干法水泥生产线，既节能又减排。例如，乌兰水泥集团在采用新型干法水泥生产线后，水泥生产节约标煤 20 万吨以上，能耗降低了 23%，每年可减少粉尘排放量 5.6 万吨，减少二氧化硫排放量 3000 吨。

（2）利用水泥窑的余热来发电，节约能源。

（3）大量利用周边地区发电厂废弃的粉煤灰、煤矸石以及钢铁厂的冶炼废渣作为生产水泥的原料或燃料。

（二）生态产业链

（1）煤→电→煤矸石、煤粉、煤泥→水泥

（2）冶金矿渣（铁渣、钢渣、铜渣等）→水泥

（3）化工矿渣（煤化工渣、磷化工渣等）→水泥

最后，作为比较，表2－2归纳了几种非金属循环经济发展模式。

表2－2　　非金属循环经济发展模式比较

行业名称	煤炭行业	磷化工行业	水泥行业
行业特征	高污染、高排放、高消耗	高污染、高排放、高消耗	高污染、高排放、高消耗
节能工作	改造设备和生产工艺、生产技术	潜力较大、通过节能技术、设备改造和清洁生产活动来实现	开发节能技术、部分采用替代燃料
废水	酸性废水、矿井水；矿井水处理后应用广泛	含氟、硫、磷等有毒有害物质的废水；净化处理水平高，循环利用率相对较低	废水处理水平高，大部分废水经处理后得以循环利用
废气	烟尘、瓦斯、二氧化硫、一氧化碳等；利用水平较高，可以用作能源、燃料或发电，二氧化硫可作为硫酸工业原料	氟化物、黄磷尾气、二氧化硫、粉尘、烟尘等；有一定的循环利用水平，特别是对二氧化硫的利用相对成熟。回收利用废气进行企业内部循环使用	粉尘；通过设备密封技术以及除尘设备的利用减少粉尘排放
固体废弃物	煤矸石、粉煤灰、炉渣等；可用来发电，作为建材企业的原材料	磷石膏、磷泥等，利用水平相对较低	水泥行业可以消纳各种工业废弃物、城市垃圾和有机污泥
伴生物	种类丰富，如高岭土、铝矾石、膨润土等	氟资源、稀土氧化碘资源、砷资源；伴生物利用价值高	
生态产业链	企业产品深加工、内部纵向延伸产品价值链，积极发展煤化工、煤电、煤建材等生态产业链	发展精细磷化工，延伸产品价值链；为废弃物（如磷石膏）寻找下游企业，发展废弃物综合利用生态产业链	作为生态产业链的下游企业，消纳其他行业产生的废弃物作为资源加以利用
发展方向	煤化工、煤电联产	湿法磷酸、精细磷化工	新型干法水泥、生态水泥

四 非金属产业循环经济发展对策

（一）非金属产业循环经济发展所存在的问题

1. 煤炭产业存在的问题

（1）产业集中度较低，企业规模较小，煤炭产品深加工程度不高，生态产业链较短。

（2）煤产业链人才缺乏。煤化工、煤电铝产业链是大型煤炭企业进行产业升级方向，但与煤炭基础产业差别较大，懂得新设备、新技术、开拓新市场的人才比较缺乏。

（3）煤炭开采造成矿区地表塌陷，“三废”排放严重污染环境。

2. 磷化工产业存在的问题

（1）企业生产规模小、产业集中度低。国内磷肥企业的平均生产规模偏小，大型企业数量少。企业结构及规模结构不十分合理。

（2）产品结构不合理。我国磷酸盐行业产品结构中，大宗的、低附加值的无机磷化工产品比例过大，而高附加值的精细磷酸盐产品比例较小，产品结构不合理。不合理的产品结构大大降低了磷矿资源的利用效率。

（3）“三废”处理利用水平低，副产品没有得到综合利用。

（4）产业链过短问题。目前，我国磷及磷化工产品大多位于产业链的上游，产业链过短使得资源不能得到最大效率的利用。产业链过短问题与技术装备水平有直接关系，也与投入和成本直接相关。

3. 水泥行业产业存在的问题

（1）产业及产品结构不合理。目前，我国水泥行业特点是产业集中度低、产品结构不合理、企业数量大、平均规模小、管理粗放，工艺装备水平低、污染重和资源利用率低等问题突出，企业综合竞争力较弱，小水泥企业占有绝对优势，代表先进技术水平的新型干法企业数目小，这些都严重影响水泥工业的发展。

（2）我国水泥工业清洁生产的验收问题。清洁生产审核作为水泥企业实施清洁生产最主要、最具可操作性的方法，是水泥企业普遍采用来进行清洁生产的重要工具。目前，我国清洁生产验收评审体系还不完善，有待改进。

（3）废弃物规模化利用问题。目前，我国水泥行业尚没有形成对工业废弃物的规模化应用，废弃物主要应用在混合材料中，废弃物替代原料或燃料没有形成规模化应用。而且水泥行业废弃物的利用主要集中在利用工业炉废渣作为混合材料和部分原材料的替代物使用，原料替代仅利用矿渣和粉煤灰。燃料替代方面，由于相关政策法规滞后，符合标准的可燃用废弃物的数量十分有限，水泥行业尚没有成规模的利用可燃废弃物，因而在燃料替代率方面的贡献微不足道。没有专业的废弃物预处理行业，处置废弃物仅依靠废弃物预处理车间也是水泥行业规模化和合理化处理废弃物的一大障碍。另外，余热发电方面，纯低温余热发电项目仅在一些实力雄厚的大型水泥企业得以实施。

（二）非金属产业循环经济发展对策

1. 煤炭产业发展循环经济对策

（1）积极发展新型煤化工，加强煤电产业基地建设。以原煤作为一次能源，不仅污染环境，而且资源利用效率低。煤炭行业应积极发展新型煤化工，进行煤炭资源深加工，延伸产品价值链，增加产品附加值。煤电产业基地的建设可以节省成本、避免污染、高效利用中间副产品，是煤炭行业发展循环经济一个很好的路径选择。

（2）开展煤炭行业清洁生产，以循环经济理念规划其发展。作为矿物开展及加工制造型行业，煤炭行业在煤炭开采以及加工各个环节均要遵循清洁生产原则，以清洁生产来指导其生产活动。另外要加强资源综合利用，提高伴生物的利用水平。

（3）国家要大力宣传煤炭行业循环经济发展模式，在政策上对煤炭发展循环经济给予支持，加大煤炭循环经济项目的投入。

（4）通过生态复垦等一系列措施保护矿区生态环境。

（5）加强煤炭产业集群的生态化转型建设，发挥产业集群的规模化效应。

2. 磷化工产业发展循环经济对策

（1）构建磷化工循环经济产业链，实现可持续发展。通过深加工延伸产业链，提高主导产品附加值，按照循环经济理念规划磷化工业生态产业链。针对磷矿开采过程中伴生资源丰富、加工生产过程产生大量副产物这一普遍问题，在具备相应关键链接技术基础上，将其伴生物、副产品变为另一企业的生产原料，不仅可以解决伴生物、副产物堆积、污染环境问题，还可通过产业链延伸实现物质循环流动和能量高效利用。运用工业开发区规划建设工业综合体，增强工业多产业耦合，促使副产物资源化利用。磷化工循环经济应促进“资源（磷矿）—产品（湿法磷酸、磷复肥、饲料磷酸盐等）—废弃物（磷石膏、氟硅酸）—再生资源（氟化工、磷石膏等）”的区域循环。

（2）大力开发绿色技术。开发精细磷化工绿色合成技术、湿法磷酸净化技术、中低品位磷矿制取工业磷酸技术（新型湿法技术、盐酸法技术、窑法磷酸技术）、硫资源的替代与循环利用技术、磷矿共生、伴生有用元素的回收利用技术、废弃物的再资源化技术等一系列技术。

（3）产品结构向精细化、专用化发展。精细化工是磷化工产业链纵向延伸方向，有利于提升产品附加值。

（4）加强中低品位磷矿石的开发利用。随着高品位磷矿石的大力消耗，今后面临着加强中低品位磷矿石开发利用的现实问题，这也是实施循环经济的必然趋势。

3. 水泥产业发展循环经济对策

（1）完善法律法规和机制建设。加强政策支持和引导，推动、规范和理顺废弃物流和资金流的形成，促进废弃物利用的社会化、专业化、市场化运作，从而提高水泥行业的资源综合利用水平。

（2）普及清洁生产和新技术的推广利用。清洁生产着眼于污染预防，全面地考虑整个产品生产周期过程对环境的影响，最大限度地减少原料和能源的消耗，降低生产和服务的成本，提高资源和能源的利用效率，使其对环境的危害降到最低。推行清洁生产，可以减降对环境的污染和负荷，实现水泥企业的节能、降耗。通过推行清洁生产，可以加快产业结构调整和新型干法水泥的发展。

实施新型干法水泥生产工艺，加强技术开发、寻求循环经济技术支撑，节省资源和能源，减少粉尘和废水等污染物的排放。大力发展新型干法水泥，节约煤耗和电耗。大力发展纯低温余热发电技术。

（3）利用水泥窑处理城市垃圾，发展生态水泥。利用水泥窑处理垃圾的基本原理是充分利用水泥回转窑内的高温工况和碱性环境。利用水泥窑处理垃圾已经引起人们的关注和重视，不仅可以处理城市生活垃圾，而且对于建筑垃圾、城市污泥、危险废弃物都可以在水泥窑内处理。

（4）大力发展散装水泥。散装水泥有着传统水泥无可比拟的优势：首先，节约了一次性包装袋，降低了水泥生产过程中的资源消耗。其次，有利于综合利用，减轻固体废弃物给环境带来的压力。再次，实现了清洁生产，减少了污染物排放。水泥散装化促进了水泥生产、流通和使用全过程的节能减排，经济、社会效益十分显著。国家及行业主管部门应加大产业政策的执行力度，引导水泥企业积极发展散装水泥，提高散装水泥比例。

第三章　中间产品产业循环经济发展模式

中间产品是指在生产中继续投入生产过程，经过制造、加工、组装，但处于生产链终端前还没有达到最终产品阶段的产品。简而言之，一种产品从原材料加工制造到成为最终产品之间处于加工过程中的产品统称中间产品。典型的中间产品是石化中间产品和机电中间产品。机电中间产品是指机电制造业中，在完成机械、电器、电子设备等最终产成品之前的消耗性产品，主要包括组装成某种机电产品的各种零部件，如汽车发动机、电动机、集成电路等。石化中间产品是指石油化工产业中，经过上一步原料的制作加工，作为下一个生产环节的原料继续投入生产，最终得到产成品的中间材料。典型的石化中间产品有甲醇、乙烯、丙烯、丁一烯等。石化中间产品有其独有特性，即在上一步生产过程中属于独立的产成品，但当投入下个生产环节时，又可以作为一种原材料。例如，甲醇既可以直接用于生产生活中，也可以作为原材料继续投入生产，用于制作乙酸、合成高分子材料等。

第一节　机电中间产品产业循环经济发展模式

下面以汽车发动机的绿色设计和再制造模式为例来阐述机电中间产品产业的循环经济发展模式。

一　汽车发动机绿色设计模式

汽车发动机绿色设计着重强调环境属性与产品属性的结合，从产品材料选择到回收再利用的整个生命周期考虑产品的绿色性能，以减少或者避免产品制造、加工、包装等工艺给环境带来的负面影响。汽车发动机绿色设计流程如图 3－1 所示。在发动机结构设计中，绿色设计体现在可拆卸性设计、可回收性设计、绿色材料选择等几个方面；在发动机制造和装配设计中，应考虑提高产品使用寿命、降低能耗、使用清洁燃料等几个问题；在发动机绿色包装设计中，应考虑包装物的标准化、系列号、重复利用等问题；在发动机的销售和维修时，应履行发动机的回收和再利用职能。

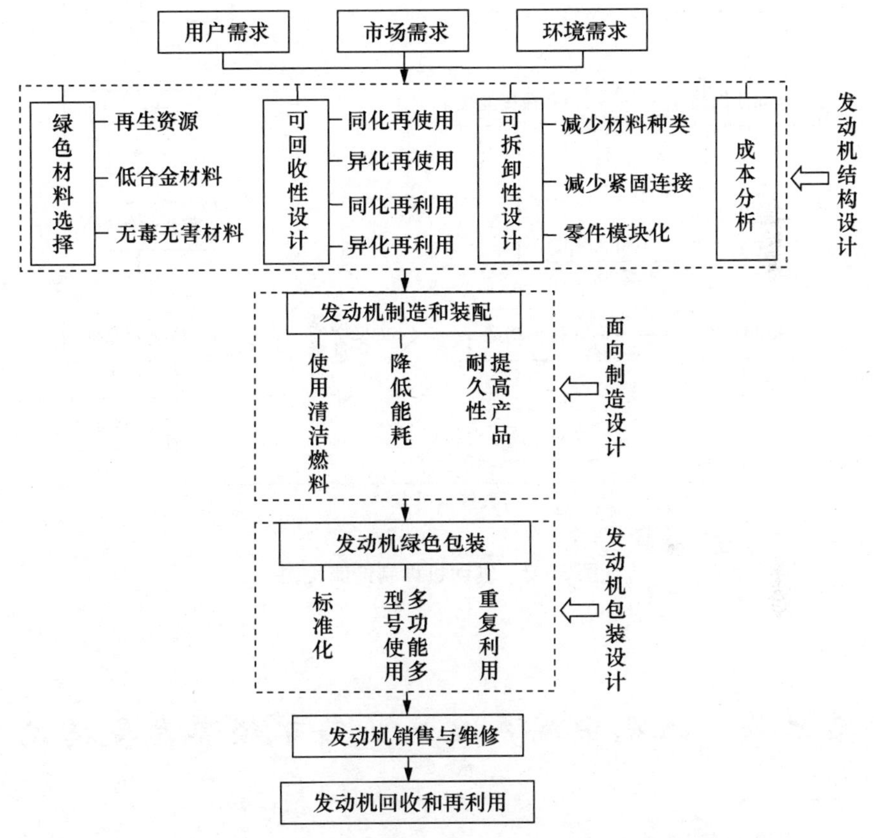

图3-1　汽车发动机绿色设计流程

二　汽车发动机绿色再制造发展模式

汽车部件里最核心的就是发动机，随着汽车零部件制造技术和质量的不断提升，汽车发动机的修复和更换是进行汽车维修、提高汽车使用年限的关键。汽车发动机再制造是以废旧发动机为对象，对其进行完全拆卸、清洗和分类，将不可再利用零部件进行报废处理，可再利用零部件进行再制造或者直接作为装配零部件备用，经过检测合格的再制造零部件将与可直接利用零部件进入到再制造发动机装配环节，最后对再制造发动机进行性能测试、包装，并根据销售订单将其发送给客户。发动机再制造流程如图 3－2 所示。

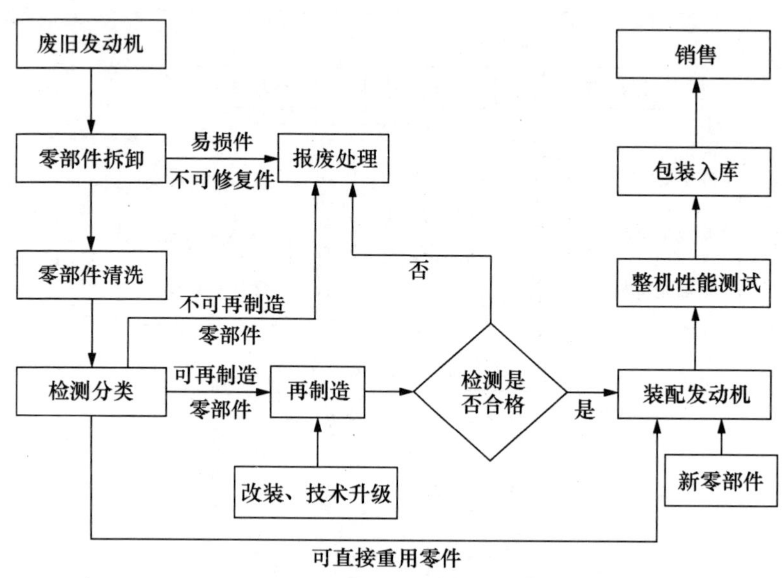

图 3－2　发动机再制造流程图

第二节　石化中间产品产业循环经济发展模式

一　煤制甲醇模式

石油、天然气、煤炭、轻质油、重质油等都是生产甲醇的重要原料。依据我国煤炭丰富、成本低廉的优势，甲醇生产对煤炭原料的低选择性以及煤化工技术的大力发展，煤制甲醇在经济上、技术上都具备了一定的条件。从 20 世纪 50 年代起至今，煤气化制甲醇技术从高压合成、中压联醇发展到了低压合成。相较来说，低压合成工艺投资更少、能耗更低、生产出来的产品质量更好。低压合成甲醇工艺将经过空分系统的空气与原料煤或水煤浆进行加压气化，经过冷却、变换、脱出焦油、脱硫和二氧化碳，并将合成器进行压缩得到粗甲醇，粗甲醇通过精馏塔精馏得到甲醇，流程图如图3－3所示。

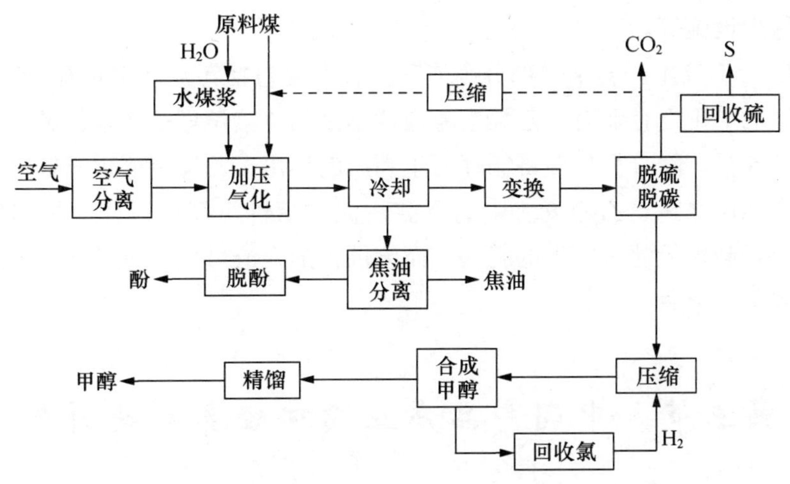

图3－3　煤制甲醇工艺流程图

二　乙烯“三废”处理模式

乙烯生产过程会伴随大量的含硫、含油、含酚废水和废渣的产生，同时，燃料经过燃烧会产生大量含有二氧化硫、二氧化碳、氮氧化物等废气。由于我国乙烯的生产量大，因此生产乙烯所产生的“三废”已成为我国石化中间产品生产企业的一个重要污染源。

（1）乙烯废水主要包括由地面污染、急冷水和稀释蒸汽排放的含油污水，裂解气脱酸产生的含硫污水，以及稀释蒸汽排放的含酚废水。这些污水在生产过程中很难单独收集，因此处理时是将污水进行集中处理。污水首先通过隔油池和浮选池去除污水中的油，然后采用活性淤泥法来去除污水中大量的硫和酚，再利用活性炭吸附法来彻底去除污水中的有害物质，达到工业用水和生活用水的标准，作为电站调温水、工业冷却水的补充水以及灌溉农田等。此外，乙烯生产时还会产生一些废碱液，主要是通过中和池进行酸碱中和，然后再进行污水综合治理。

（2）乙烯装置产生的废气主要是通过火炬、蒸汽过热炉、裂解炉和辅助锅炉排出的，这些废气中包含着粉尘和多种气态污染物质，若长时间排放会污染空气，并对人体产生一定的危害。主要气态危害物二氧化硫在乙烯生产废气中占较大比例，因此对于乙烯废气的治理大多是集中于去除二氧化硫的工艺上，而对于氮氧化物、粉尘等其他污染物的防治基本上是采取生产工艺改进的方式，如降低燃烧火焰的温度、降低空气过剩系数、加装除尘设施等。

（3）乙烯生产会附带部分废渣残留，主要包括污泥和废催化剂残渣。过去，乙烯生产企业对于乙烯废渣通常是采用直接填埋或者焚烧的方式以减少废弃量。随着循环经济循环再生利用的推出，乙烯废渣也开辟出了一条综合利用之路。乙烯废渣中的沉淀污泥和活性污泥可以作为燃料掺和剂，或者制作成灌溉农田的肥料，而废催化剂残渣可以经过萃取，提炼出钯、镍等贵金属。

第三节　中间产品产业循环经济发展对策

一　我国中间产品产业发展优势及存在问题

（一）石化中间产品发展优势及存在问题

近年来，我国石化中间产品产业发展迅速，石化中间产品生产能力也不断增强，甲醇、乙烯、聚乙烯等石化中间产品的生产技术和生产装置水平都有了较大的提高，各类石化工业园区在国内相继建立运营，目前，已初步形成了一个较为完整的工业体系；我国以中国石油化工集团公司和中国石油天然气集团公司这两大巨头为首，石化产品产业已基本形成了一体化的经营格局和销售网络；同时，我国已拥有一批自主开发的、达到国际先进水平的石化中间产品生产技术，其中催化裂解技术已建成生产装置，成套技术已出口国外。

在我国石化产业取得较好成绩的同时，也存在着一些不可忽视的问题。第一，我国石化中间产品生产企业分布过于分散，集约化程度低，且规模较小，不利于产业规模经济的发展。第二，我国技术开发的投入经费不足，总体技术水平较低，因此各项产品生产装置的物耗、能耗指标偏高，生产出来的产品性能又较低，不利于石化中间产品产业的循环经济发展。第三，我国相关的政策与法律体系尚不到位，相关排放标准、指标体系还不够完善，行业管理体制落后，使得政府对企业和市场的监督能力不够，产品质量参差不齐，市场秩序较为混乱，与西方发达国家存在较大差距。

（二）机电中间产品发展优势及存在问题

虽然我国机电中间产品的循环经济发展起步较晚，废旧机电中间产业的回收、再制造效率较低，但我国目前正处于机电产品的报废高峰期，产生的废旧电器、电子、汽车零部件等数量均急剧增长，并且我国劳动力资源丰富，这为我国机电中间产品再制造产业的发展提供了丰富的资源和市场空间。我国推行循环经济实践以来先后出台的一系列相关政策、法律法规、标准条例等文件也大大促进和规范了我国机电中间产品回收再制造产业的发展。此外，国家逐步开始开展汽车零部件再制造工作，使得试点企业在不同程度地学习和掌握国外先进技术的同时，也拥有了部分相关自主开发技术，并取得了较好的成果；同时，我国现已有数家高起点、专业化的具有国际水准的汽车发动机再制造企业，可以对我国汽车零部件的再循环利用工艺的发展起到良好的带头作用，并有利于相关先进技术工艺在制造企业的普及，以及我国相关自主开发技术的推广和快速发展。

依据我国机电中间产品的发展现状看，还是存在着不少的问题和障碍。首先，从事机电中间产品回收的企业规模小、分布广，在全国范围内并未形成完整的回收网络，并且对于回收后的再利用对象仅限于附加值较高的产品或零部件，范围过于狭窄。其次，我国对于机电产品的拆卸工艺落后，自主研发技术的投入资金不足，研发力度不够大，在再制造方面大多引进国外先进技术，不利于我国的再制造产业发展。再次，我国再制造市场秩序混乱，缺乏完善的标准和政策规范，并且企业和消费者对于再制造产品的认识不足，认为再制造产品是旧产品或者质量不如新产品，完全没有意识到其低成本、节能、环保的优点，从而在一定程度上抑制了再制造产品的市场化。

二　我国中间产品产业循环经济发展对策

（一）转变传统观念

要发展我国中间产品的循环经济，首先需要放弃传统观念，不仅要关注产业链上游和下游产品的发展，还要正确地认识中间产品的作用。中间产品是指在生产中处于迂回生产链的终端前的产品，其具有自身的独特性。中间产品在生产技术上具有不可分性，其所需要的生产技术一般与其上游和下游产品有着一定程度的关联。也就是说，中间产品的循环经济发展技术的发展会带动整条产业链的技术进步。因此，应重视中间产品对上游节约资源、对下游减少污染的作用，加强对中间产品循环经济发展的研究力度，促进产业链上、中、下游产品的循环经济协同发展，提升制造业产业链的综合效益。

（二）提高能源和原材料利用率

针对石化、机电、纺织等制造行业，应加强对能源、水资源、原材料等资源的消耗管理，提高能源资源利用率，实现能源梯级利用和资源高效循环利用。例如，石化中间产品的生产应首先优化其生产工艺和生产装置，采取清洁生产工艺，选择节约能源资源、减少污染物产生量的工艺技术和设备；而机电中间产品则应从产品的绿色设计入手，考虑产品的可拆卸性、可回收性，以便于对废旧中间产品的拆卸和回收，同时应提高机电设备的制造技术和生产工艺的能源资源高效、循环利用。

（三）大力开展废弃物循环再生利用，建立废弃物排放标准

由于中间产品范围广、品种多，生产过程中会产生大量的废气、废水、固体废弃物，因此，提高中间产品“三废”的综合利用是促进中间产品循环经济发展的重要举措。首先，加强对废弃物产量大、污染问题严重的行业的生产和回收利用工作进行重点管理；其次，应大力开拓废弃物再生利用范围，延长各产业链进行耦合，实现多产业间的废弃物相互利用。同时，对于企业排放的废弃物应设立排放污染物浓度、排放量等标准，以督促企业，乃至行业的循环经济实践。

（四）加强环保生产工艺技术的应用和发展

科学技术是发展循环经济的重要支撑。目前我国企业对于环保技术发展的投资过于保守，在中间产品环保生产工艺技术上还相对滞后，并且应用范围过于狭窄。因此，制造业各产业均应大力普及中间产品环保生产工艺和技术的应用，比如清洁生产技术、零排放技术、废弃物回收处理技术等。同时，可以组织产业链上下游企业中循环经济发展程度大的企业作为示范单位，举办企业的技术学习活动、与循环经济技术发展相关的研修和讲座等。此外，还应对制造业各产业的先进技术进行技术共享和整合，建立循环经济技术信息共享平台，使得产业链上、中、下游企业以及产业链之间能进行实时的环保技术交流，促进整条产业链，乃至整个制造业的循环经济技术的发展。

（五）完善法律法规制度和政策体系

要保障循环经济的顺利实施和健康发展首先应采取国家立法和政府政策的强制手段。目前，我国已颁布了《循环经济促进法》、《清洁生产促

进法》《资源综合利用和废弃物管理法》、《节约能源法》等法律法规，但是，我国的法制建设依然薄弱，不能很好地适应循环经济发展的要求。而循环经济发展明显成功的西方国家大多都具备完善的法律体系，例如德国早于1973年就制定了废弃物排放后的末端处理法，对3600多种产品试行了环境标志，之后的25年内又相继颁布了《废弃物限制及废弃物处理法》、《包装条例》、《限制废车条例》、《循环经济与废弃物管理法》这四部法律条例。因此，我国要不断完善循环经济法律法规，为循环经济发展提供良好的外部环境。

此外，我国法律法规针对的基本上处于产业链首端和末端的产品，暂时还未有着重针对制造业中间产品制定的法律法规，因此，我国应逐步构建涉及中间产品的生产、消费和资源循环再生利用等整个生命周期领域的法律法规体系，以实现对整个产业链的规范和监督。同时，产业链中还应建立良好的循环经济制度，如中间产品清洁生产制度，中间产品绿色制造制度，生产者责任延伸制度等；政府也应出台相关优惠、激励政策和惩罚政策来促进循环经济法律法规的实施，如采购政策、税收优惠政策、固体废弃物商品化收费政策、倾倒垃圾收费政策、污水治理费政策等。

第四章 终端消费型产业循环经济发展模式

汽车和家电产业是典型终端消费型产业，属于制造产业链下游端。家电产业是我国的优势产业，汽车产业是我国的新兴产业，两个产业的生产规模都已处于世界第一的位置，而且外销量很大，面临着与经济发达国家产品的激烈竞争，接受着国家贸易的绿色产品和环境友好性检验的苛求。

第一节 汽车产业循环经济发展模式

一 我国汽车产业发展现状及面临的形势

汽车产业具有产业链长、关联度高，资源消耗多、就业面广、资金和技术密集等特点。21 世纪以来，我国汽车产业得到快速发展。据中国汽车工业协会统计，2010 年的汽车产销量双双超过 1800 万辆，不仅蝉联世界第一，还超越了美国 2000 年创造的最高历史纪录——1740 万辆。据预测，“十二五”期间，中国汽车年产量将达到 2500 万辆，工业总产值将达到 4.5 万亿元，汽车工业增加值占国内生产总值（GDP）的比例将达到 3%。汽车产业的稳步发展带动相关产业的快速发展，但是目前汽车产业的发展面临着与资源、环境和社会条件挑战和限制的制约，亟须转变传统的经济发展模式，走循环经济发展道路。

从循环经济角度，汽车产业的特点是：（1）属于资源消耗型产业。汽车使用的主要材料为金属材料、塑料、橡胶、玻璃、油漆等，其中钢铁占汽车总重量的 80% 左右，有色金属占 3%—4.7%，非金属材料占 10%—15%。（2）产业关联度高。汽车工业波及 34 个行业，前向与钢铁工业、橡胶工业、有色金属冶炼业、石油工业、机床产业、玻璃产业、电力产业等工业产业相连，后向与金融保险业、商业、社会服务业、交通旅游业等有关，起着连接工业和服务业联动的重要作用。（3）属于资金、技术密集型产业。汽车产业包括汽车零部件生产业、整车组装业、整车销售业、汽车维修业、汽车报废回收业等，包含多个投入部门，需要密集的资金投入，属于资金密集型产业。汽车由几千个零部件组成，零部件生产及汽车组装过程后使其安全运转要依靠高科技，甚至是实现汽车产业循环经济的减量化、再利用和再循环也都离不开技术的支撑。在生产过程中应用先进技术，可以提高资源利用的深度、广度和精度，从而降低资源消耗的强度。

汽车在生产、使用和回收处理过程中的排放污染主要包括废水、废油、废气及固体废弃物。（1）生产过程中排放的污染主要有：燃煤污染，在铸造、热处理和电镀等加工过程中产生的废气、废水等；（2）汽车使用过程中的排放污染主要有二氧化碳、碳氢化合物（HC）、氮氧化物（NOx）、一氧化碳、PM（微粒）等；（3）汽车报废处理过程中产生的污染物主要有三类：一是固体废弃物，主要是无法回收的塑料零部件；二是有毒气体，来自不当的焚烧处理；三是水污染，包括由于润滑油、剩余燃料油、乳化油以及清洗零部件的除漆剂和清洗剂等造成的含油废水，蓄电池的废电解液造成的铅污染（含铅废水）和酸污染（含酸废水）等。

我国汽车产业发展与主要汽车产业国家相比还有较大差距，从循环经济发展角度，表4－1给出了我国与主要国家汽车产业循环经济发展比较。

表4－1　　我国与主要国家汽车产业循环经济发展比较

比较内容	美国	欧盟	日本	中国
政策法规	《再制造、翻新和再利用汽车零部件工业指南》、《再制造材料建议公告》（2001年）《未来报废汽车回收利用指南》、《再制造材料建议公告》	2000年9月《关于报废机动车回收利用管理的指令》（2000/53/EC指令），2006年12月《化学品注册、评估、授权和限制》（欧盟REACH法规）	1995年6月《汽车、电器等在粉碎处理前进行有用物选出的指南》，1997年5月《报废汽车再生利用规范》，2005年1月《汽车回收利用法》	2001年6月《中华人民共和国报废机动车回收管理办法》，2004年12月《中华人民共和国固体废弃物污染环境防治法》，2006年2月《汽车产品回收利用技术政策》、《报废机动车回收拆解企业技术规范》

续表

<table>
<tr><th colspan="2">比较内容</th><th>美国</th><th>欧盟</th><th>日本</th><th>中国</th></tr>
<tr><td rowspan="7">生产实践</td><td>设计阶段</td><td colspan="3" rowspan="2">发达国家的许多跨国公司都制定了绿色制造实施目标和措施，开展节能、降耗、产品生命周期评估（Life Cycle Assessment，LCA）、环境审核、绿色产品开发等具体工作，从最早的电动汽车到混合动力汽车到生物燃料车到燃料电池车，再到未来更完美的无人驾驶智能车，“新能源”、“绿色环保”这些字眼已经与汽车设计有机结合起来</td><td rowspan="2">一些高等院校和研究院所在国家科委、国家自然科学基金会和相关部门支持下，对汽车和产品绿色设计进行了广泛的研究探索</td></tr>
<tr><td>生产阶段</td></tr>
<tr><td>使用阶段</td><td colspan="3">国外按汽车购买、拥有及使用三个阶段设置汽车税费科目，并实行全国统一的税费政策，其税收政策中一个特点是鼓励购买，抑制使用，其税费主要集中在汽车使用阶段</td><td>车辆购置阶段税款所占比例较大，保有阶段却很低，不利于调解消费和使用效果</td></tr>
<tr><td rowspan="2">回收拆解阶段</td><td colspan="3">汽车制造企业为回收主体，社会主动参与报废回收</td><td>政府主导，社会被动接受</td></tr>
<tr><td>1.2 万多家报废汽车拆解企业和200 家拆后报废汽车粉碎企业。目前其汽车的平均回收利用比例已达到 75%</td><td>欧洲汽车回收的发展趋势是以先进的粉碎后处理技术替代原来复杂的拆解工艺，大众汽车的 Si-Con 工艺最具代表性</td><td>建立和运行电子清单系统，对报废汽车回收、拆解、破碎等环节进行明确统计和监督，其互联网系统接入销售店、拆解厂等 2 万多家相关单位的详细信息</td><td>3/4 的报废汽车仍在使用，1000 多家拆解企业，初具规模的有 700 余家，年回收拆解 100 辆汽车以下的企业占 60%—70%，且拆解技术落后，从业人员 5 万多人，年拆解汽车能力约 60 万台</td></tr>
<tr><td>再制造阶段</td><td>12000 多家报废汽车拆解企业，2 万家零部件再制造企业，再制造业务包括发动机、动力部件、离合器、转向机、空气压缩机、油泵等</td><td>在再制造的过程中，报废汽车 94% 的零部件被高技术修复，55% 回炉再生，只有 0.5% 被填埋处理</td><td>日本回收利用体系对粉碎残渣（ASR）、氟利昂和气囊类三种物质规定了不同的回收要求</td><td>2008 年 3 月发布的《关于组织开展汽车零部件再制造试点工作的通知》明确了汽车零部件再制造试点工作的范围和主要内容及 14 家试点企业</td></tr>
</table>

二 汽车产业循环经济发展模式

从汽车产业链看，汽车制造企业、销售和维修企业是汽车产业中的动脉产业；汽车产业价值链中的静脉产业包括汽车回收企业、汽车拆解分解企业、汽车再制造企业。

（一）企业内部循环经济模式

汽车制造企业是汽车产业链核心，其生产流程以及所体现的循环经济如图4－1所示。图中表示，第一，绿色设计是实现资源减量化利用的关键环节，因此，零部件试制、绿色销售中所反映的问题都有反馈回来，以不断改进设计；第二，零部件生产中产生的边角料、汽车装配环节所检测出的不合格零部件都要再利用和循环利用，并查找原因，改进生产工艺。下面给出我国几个企业在这一方面的实践。

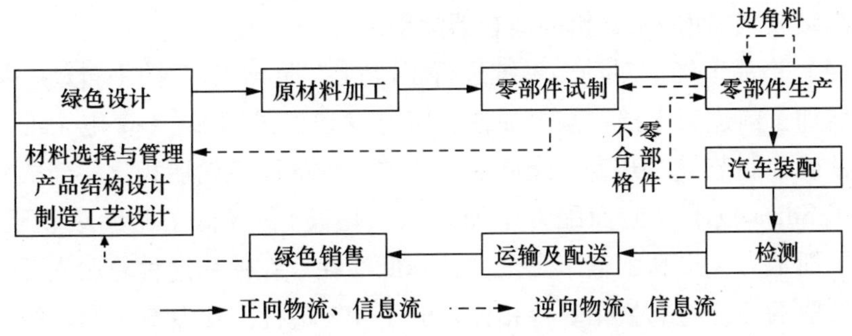

图4－1 循环型汽车动脉企业的业务流程

1. 上海大众汽车绿色设计模式

作为中国最早的合资轿车企业，在成立初期就已经制定了企业的环境方针，并于1997年12月在行业内第一个通过了ISO 14000环境管理体系的认证。目前，上海大众已经对从设计、生产制造、零部件供应、销售服务等各个环节都展开了严格的控制，各类车型均比国家法规规定的时间至少提前2年达到排放法规要求，并不断将环保领域扩展到密封蒸发、电磁干扰、车内气味排放等各个环节，并由此成为国内首家全部实现绿色产品的企业。上海大众对产品环保主要做了以下工作。

（1）材料的环保性。通过底板衬层减少PVC—UBS—废料数量；内饰件采用可回收的聚丙烯作为基材的材料；对车内所有非金属材料的选用进行严格控制，对材料有害气体的含量做定量检测，除了对于自己所使用的生产材料，还对配套商提出了同样的要求；通过对原材料有害物质挥发的控制来提高车内空气质量，进行凝雾试验、甲醛试验、总碳挥发试验和气味试验，把车内有害物质降到最低。

（2）产品的可循环性。在产品的设计之初就考虑回收利用问题。从2000年起，上海大众对产品车零件材料的可回收回用情况展开调研，便于今后旧车的回收与利用。目前，POLO、领驭和途安等车型的80%车身都可以回收再利用。

（3）环保加工工艺。例如，在安装柱内饰时采用模内复合技术，而不是简单使用胶水黏合（胶水中含有大量苯类）；通过优化油漆程序减少使用溶剂；在所有重要的焊装连接中采用激光焊接（无缝连接技术）；铝车轮无Cr（VI）表面预处理工艺；座椅采用的真皮全部经过特殊处理，皮质中有害物质含量大大降低；内饰件采用低压注塑工艺（避免含有溶剂的黏结胶）；使用不含铅的离合器涂层。

（4）产品节能。对动力系统进行了改进：Tiptronic 5挡手自动一体变速箱增加了前进第5挡，减少油耗；所有发动机采用E－Gas电子油门技术，精确控制节气门开度，降低油耗。与传统的黑色轮胎相比，新式轮胎采用了Silica技术（胎面配方中加入二氧化硅），降低了轮胎滚动阻力，提高了抓地力，提高了整车安全性，降低油耗。在使用这种轮胎之后，帕萨特领驭的油耗与老款帕萨特相比降低了4%左右，其中最大的降幅甚至达到8.2%。前后悬架多处采用轻型铝材（锻铝摇臂、橡胶支承、上减支承），减小了整车重量。

（5）新能源、代用燃料。开发汽油及压缩天然气两用燃料（Santana 3000 CNG），油耗提前符合国家2008年实施的第二阶段的燃料消耗规定，大大降低废气排放。开发柴油帕萨特轿车，动力充沛，节油22%—47%，温室气体降低33%；开发帕萨特领驭燃料电池轿车，实现燃料消耗水平低、零排放。

2. 奇瑞汽车产品回收模式

（1）成立汽车绿色技术研究中心。2006年12月奇瑞汽车股份有限公司与合肥工业大学共同成立汽车绿色技术研究中心，专门从事汽车环保材料使用和汽车零部件再制造技术的研究，并开展了阶段性工作。一是与合肥工业大学合作对旧变速箱拆解工艺和再制造生产的研究；二是对拆解的旧发动机进行拆解工艺和部件质量鉴定以及再制造技术的研究；三是开展汽车零部件可回收性能分析和面向回收设计课题的研究。

（2）建立汽车工业废弃物处理公司。芜湖瑞赛克物资回收有限公司是奇瑞汽车股份有限公司的全资子公司，主要负责奇瑞汽车在生产过程中产生的各种工业废弃物的回收处理业务，以及报废汽车拆解业务。

（3）开展汽车零部件再制造试点。奇瑞汽车股份有限公司是国家发改委确定的14家汽车零部件再制造试点企业之一。2009年10月公司启动发动机和变速箱再制造项目，拟建成年再制造发动机20000台，变速箱2000台的生产规模。预计年可节约钢材500吨、节约铝材120吨、节电90万千瓦时，在环保方面，可减少二氧化碳排放500吨，减少氮氧化合物排放8吨，减少一氧化碳50吨，减少二氧化硫30吨，取得良好的社会和经济效益。

3. 中国重汽再制造模式

济南复强动力有限公司是中国重型汽车集团公司与英国SANDWELL公司及ISTE公司合资创办的汽车发动机再制造企业，是目前国内第一家开展汽车发动机再制造的公司，2005年10月被国家六部委（国家发展和改革委员会、国家环境保护总局、科学技术部、财政部、商务部、国家统计局）确定为国家循环经济首批示范单位，是国家再制造技术研发基地——装备再制造技术国防科技重点实验室的科研教学实践基地。

复强动力公司拥有欧美各国先进的汽车零部件制造与发动机再制造先进设备，拥有规模成熟且处于国内技术领先水平的汽车零部件加工生产线、发动机及零部件再制造生产线，已通过ISO 9001：2000质量管理体系认证、TS 16949质量管理体系认证，利用高新科技对进入大修期的发动机进行拆解、检测，把有剩余寿命的零部件作为再制造毛坯，修复升级后，发动机的性能、质量可达到新品的水平，是一家高起点、专业化、环保型、具有国际水准的公司。随着市场的不断扩大，为适应循环经济的大发展，2005年复强动力公司扩大生产规模，发动机零部件制造生产线年产10万台套，发动机再制造能力将陆续达到年产5万台。公司经过十余年的发展和壮大，引进了世界先进的曲轴加工磨床等一批进口设备，设备先进，生产能力强，加工精度高，质量稳定，加工产品及生产装备水平处于国内同行业领先水平。目前已经形成包括斯太尔、康明斯、大柴6110、朝柴6102等十几个系列20多个品种在内的再制造发动机产品，作为维修配件流通使用。据该公司预测，如果用再制造技术将1万台达到报废年限的斯太尔发动机重新恢复起来，可以回收附加值近 4 亿元。

（二）区域层面汽车产业群发展模式

在区域社会层面上，形成以汽车制造业为核心的生态产业群落，将生产上具有密切关联的企业、产业聚集在一起，使园区内企业形成物质、能量、信息的共生关联，提高物质、能量、信息的利用，形成网状循环产业体系，在节约资源，获取经济效益的同时，做到了对环境的保护。汽车产业群应集中建立和吸引一些与汽车制造相吻合，与制造汽车厂产出物相适应的企业，如塑料厂、钢铁厂、热电厂等，形成供应群落、再生产品群落、可更新能源群落等，实现可持续发展。社会层面的汽车产业群网络如图 4 －2 所示。

图 4 －2 表示，在汽车产业循环经济模式的实际应用中，可以通过虚拟方式将各层面模式进行集成，将不同区域、不同位置、不同功能、不同产业的企业、园区、社区通过网络信息系统进行整合，运用虚拟生态园区的设计方法对废弃物进行回收再利用，实现资源、能源、物质的充分合理利用。三个层面集成模式的优点是拓宽循环经济发展的范围和领域，将社会的生产、流通、消费、回收、环境保育及能力建设功能融为一体，在提供生产功能的同时，培育一种新型的社区文化并提供正向的生态服务，实现三产的纵向耦合即资源的社会整合。

三　我国汽车产业循环经济发展对策

（一）经济政策

在符合国家、地区相关政策基础上，对实施技术、管理生态化改造的企业、园区和开发区；对投资汽车回收拆解、再制造等环保产业，兴办基础设施、生态建设项目的投资者，在基础设施使用、土地、税费征收及项目审批等方面给予适当的优惠和政策倾斜，为企业、园区发展循环经济创建良好的投资环境和基础条件。同时，鼓励企业、园区引进国外先进生产设备、环保设备，推进先进设备的应用，促进汽车产业循环经济发展技术条件。

（二）科技创新

在科技创新成为主要经济增长因素的今天，通过科技价值观、科技范式、科技创新模式和创新战略的生态化转向，把科技创新的经济效益和生态效益结合起来，为循环经济提供技术支撑，是发展循环经济的重要方面。

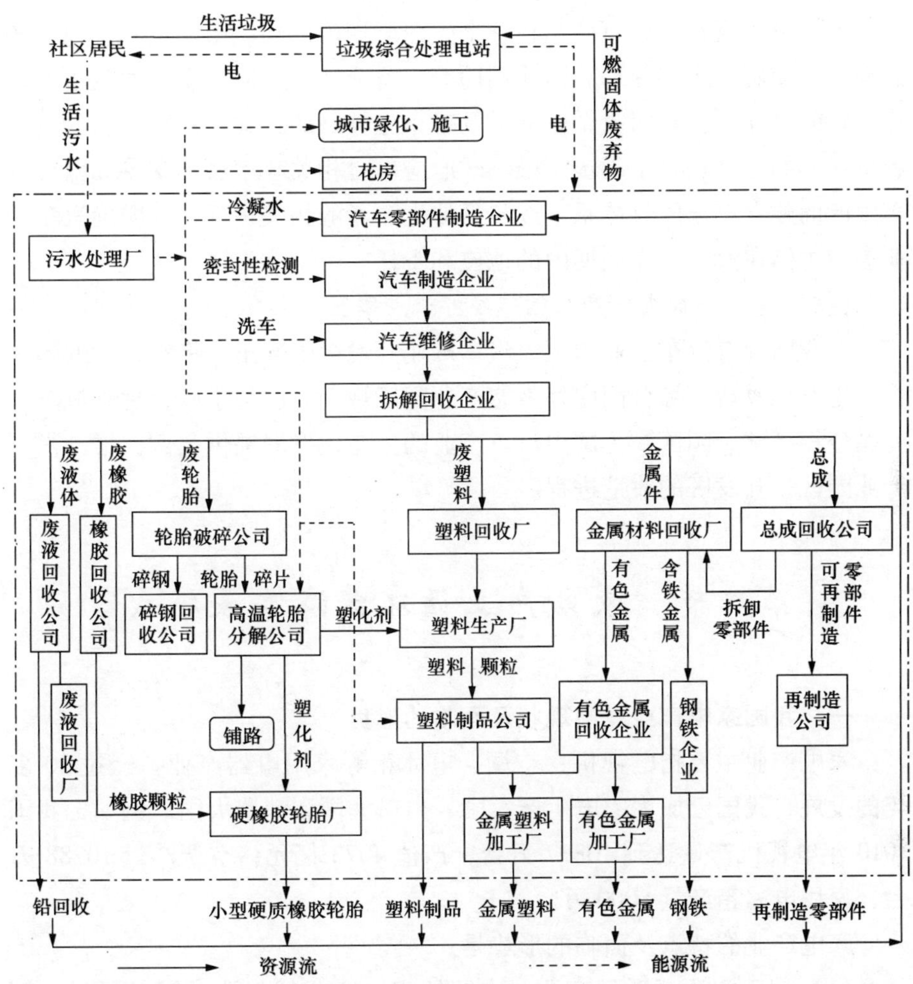

图 4－2　汽车产业群网络

要促进汽车产业循环经济发展，降低经济增长对资源和环境的影响，重点是促进绿色设计技术、回收再生技术、节水技术、节能技术、替代资源技术、材料回收利用技术、新型能源技术的研究和开发利用，实现资源的循环利用或无害化回收处理，提高资源节约整体水平。通过知识经济促进技术经济，技术经济带动循环经济，循环经济促进技术经济和知识经济，促进产业结构优化升级，实现社会可持续发展。

（三）实施生产者责任延伸制

生产责任延伸制是指制造商或进口商不仅要对产品生产过程产生的环

境污染负责，而且也要对产品在整个生命周期内的环境影响负责，包括产品消费、使用、废弃处理和回收利用等。目前我国废旧汽车的回收主要是在政府的主导下，对回收企业补助及对车主补贴的方式，汽车回收的生产者责任制的建立正处于起步阶段。政府应出台相关政策法规支持和引导汽车生产商建立汽车回收体系，逐步延伸生产者的相关责任，并明确汽车产业参与主体在汽车生命周期中的地位和责任。

（四）建立一批汽车产业循环经济试点园区

在我国现有汽车工业园区、汽车产业开发区中选出一批有实力的园区进行生态化改造，综合国内外生态产业园区规划方法与手段，建立汽车产业循环经济试点园区，为国内汽车产业的生态化发展提供范例，推动汽车产业园区、开发区的改造进程。

第二节　家电产业循环经济发展模式

一　我国家电产业发展现状及面临的形势

家电产业主要指电视机、空调、电冰箱等家用电器产业。经过 30 多年的发展，我国已成为家电生产大国、出口大国和消费大国。例如，我国 2010 年电视机产量达到 10837 万台，产值 4073 亿元；空调产量 10288 万台；家用电冰箱产量 8000 万台。

家电产业的特点及面临的形势是：

（1）属于资源消耗型产业。中国的家电产业每年消耗钢材用量达到了 590 多万吨，各种塑料原材料 250 万吨，还有大量的铜材、铝材等。以电视机为例，铁和铁合金占 9.7%，铜和铜合金 1.5%，铝和铝合金 0.3%，其他合金 1.4%，塑料 16.1%，玻璃 62.4%，印刷电路板 8.1%，其他 0.5%。

（2）具有“金字塔形”生产体系。家电产业是典型的组装工业，具有大规模、批量化生产特点，往往是一家装配企业与为数甚多的零部件企业组成庞大的产业联盟，相互依赖、相互支持。例如，电视机最终产品所需的零部件虽因品种而异，但基本上在数百件与数千件之间，虽然不及汽车 2 万—3 万件的水平，但最终产品对零部件的依赖性是较高的。

（3）属于资金和技术密集型产业。家电产业包括原材料开采业、零部件生产业、整机组装业、产品销售业、维修业、回收再处理业等，包含多个投入部门，需要密集的资金投入。家电产品是现代化科技的融合体，能充分体现机电一体化的成果，微波技术、变频技术、信息技术等都能在家电产品上得到广泛应用。

（4）家电产品使用过程中能耗很大，其用电量占到全国用电总量的14.7%。

（5）面临复杂的绿色标准壁垒。欧盟推出的WEEK和ROHS两个指令要求，生产商必须承担废弃电子电器产品的回收处理费用，确保六种有害物质含量不超过限定值，否则将被处以罚款，列入黑名单；要求废弃的电子电器产品的回收率要达到70%，再利用率要达到80%。

（6）家用电器报废量巨大。随着我国家电产量的不断增加，家电报废量也在逐年增加。例如，近年来，电视机报废量一般占到产量的一半左右。

二　我国家电产业循环经济发展现状分析

从产业链角度看，家电产业循环经济发展体现在生态设计、清洁生产、节能降耗、废旧家电回收体系、家电再制造等方面。

（一）生态设计现状

总的来看，生态设计在中国还处于概念推广和基础研究起步阶段。在企业层面，一些电视机企业开展了有关生态设计的有益尝试。海信、海尔、长虹、科龙等公司努力将生态设计理念整合到原有管理体系。海信在节能平板电视设计上取得一定突破，利用“光感变频技术”实现节能30%的效果。但从国家和行业层面来看，还没有设立专门针对电视机产品生态设计的研究机构，绝大多数企业还没有制定明确的生态设计战略和实施目标。

（二）清洁生产现状

家电行业清洁生产已经在行业内全面展开。例如，2006年，帅康集团在降低能源资源消耗、减少污染物产生等清洁生产方面实施了25个合理化方案，其中，“空压机安装变频控制系统”“热水器生产设备冷却水回收”“磷化试剂回收”三个“中高费方案”的有效实施使该集团每年可节约用电22.4千瓦时，间接减少二氧化硫排放15.7吨，减少烟尘排放0.27吨，节约工业用水1.44万吨，回收原料11.2吨。由海尔集团承担的青岛市家电企业清洁生产标准已基本完成。深圳市结合其作为电器电子产品集聚基地的特点，面向现代家电产业及其上中下游关联企业实施清洁生产示范，引导产业集聚基地按照循环经济原则进行建设和发展，这标志着家电行业清洁生产工作由点到线展开，从单个企业向产业链推进。

（三）节能降耗现状

家电产品的节能降耗主要针对家电产品的使用阶段，如制定节能家电标准、建立能效标识制度等。从 2001 年中国节能氟利昂替代冰箱项目开展以来，采用先进技术、先进工艺、高技术零部件和材料，实现了无 CFC 替代，开发了高效电冰箱压缩机，提高了冰箱能效水平，使电冰箱全行业全氟电冰箱能耗降低 40% 以上，每年平均节能达到 20%。从 2005 年我国公布第一批能效标识产品以来，已经公布了五批能效标识产品目录，其中家电共 19 个产品。电冰箱和空调是第一批进入能效标识产品目录的家电产品，通过实施能效标识制度，二者能效等级大大提高，高效节能产品推广工作取得显著成效。如高效节能空调 2008 年的市场占有率只有 5%，一年后市场占有率就达到 50%。目前，节能家电已经成为家电市场的主旋律，各大主流企业都把产品研发重点锁定在节能上。电冰箱、空调、洗衣机、电饭煲、电视机、电扇、电磁炉、热水器、计算机显示器等都已颁布了产品能效标准。

（四）废旧家电回收体系现状

目前，我国现有废旧家电的回收体系是传统路径沿袭、经济利益驱动与国家政策导向等多种因素结合而形成的混合体系，主要包括供销社/物质回收企业回收、民间回收、家电销售商“以旧换新”回收、搬家公司回收、售后服务站或维修站回收等回收渠道。应该说还没有建立起一套完善的废旧家电回收体系。

（五）家电再制造现状

根据中国家用电器研究院调查，我国报废电子电器有 80% 经过维修、翻新进入旧货市场，只有 20% 的电子电器被作为材料回收。目前，我国旧电器电子产品整机及其旧零部件、旧元器件和其他旧货、二手产品都通过旧货市场销售，并具有较大的规模。但上述废弃电子电器产品资源再生中的再制造只是对电子电器产品及其元器件的简单翻新和维修，还处于家电再制造的初级阶段。

（六）废弃家电处理现状

第一，从废弃家电处理企业看，多为家庭作坊和个体经营形式，资源再生技术和无害化处理技术较落后，回收率低，资源浪费严重，环境污染大。

第二，从废弃家电处理示范基地建设来看，我国新成立了一批废弃家电处理示范企业，如青岛海尔—新天地、杭州大地、北京华新和天津大通等，这些示范企业通过自行技术攻关或采取产学研相结合的方式进行废弃家电处理技术的研发，在某些单元技术上取得了一些成绩，但技术还不够成熟。我国一些大学也积极参与该项研究，如清华大学在广东建立了废旧线路板再资源化的示范生产线，年处理能力超过1000吨；与中国家用电器研究院联合开发了阴极射线管（CRT）屏锥分离设备，可以日处理CRT 200台。另外，将废旧线路板的非金属粉末用作下水道井盖等的填充材料、电子电器的各种塑料重新再用、提取PBDE和PBB阻燃剂的技术也都在实用化中。

三 家电产业循环经济发展模式

我国家电产业在循环经济发展上进行了有益的探索，取得了一些成就，对这些成就进行归纳和总结，可以得出如下的几种模式供参考。

（一）家电产业循环经济发展一般模式

家电产业循环经济发展体现在产业链各个环节，由正向绿色供应链和逆向绿色供应链组成，如图4-3所示。总体来说，由家电生产企业作为核心节点，通过制定和执行适合发展循环经济的环境政策，引导和约束上、下游企业的环境行为。在采购环节考虑材料的绿色性，进行绿色采购，在制造环节必须采取绿色制造，即绿色设计、清洁生产和绿色包装；在物流运输过程中注意节约成本和环保；在销售环节要抓住消费者的心理进行绿色营销；在回收再利用环节研究回收技术，采取绿色回收，将循环经济的“3R”原则贯穿整个产业链。从源头设计开始注意环保，在生产使用过程中提高资源利用率，减少废弃物的排放，回收能再使用的材料，实现资源的循环发展，从而提高整个经济过程的环境绩效，继而带来经济效益和社会效益。

1. 采购环节

家电生产企业在采购环节应根据绿色材料设计的结果对原材料进行绿色采购，从源头开始减少污染，迫使供应商进行自律，开发出绿色材料。实施绿色采购管理的关键是绿色供应商的选择与管理，家电生产企业应与供应商就绿色材料展开广泛探讨，就材料的供应提出合理的绿色要求，并

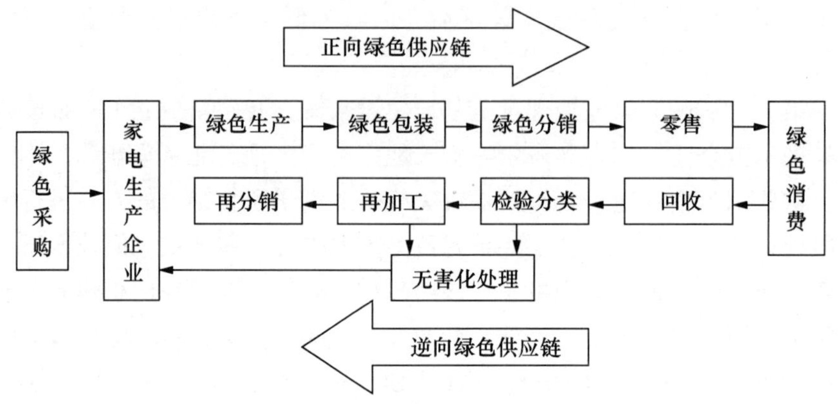

图 4-3　循环经济下家电产业绿色供应链发展模式

积极参与到供应商绿色材料的研发设计生产中，有条件的可提供培训和技术上的支持，与供应商紧密沟通、协作，共同树立环境成本观念。被选择的材料首先要保证低能耗、少污染，其次是否含有毒、有害和有辐射性物质，最后需要确定该材料是否易于回收及再利用，是否易于降解。

2. 制造环节

家电产业整个绿色供应链的核心部分是绿色制造，包括绿色设计、清洁生产、绿色包装等内容。绿色制造是“大制造”概念，包括企业内的绿色产品设计、材料选择和制造工艺流程规划等。绿色制造要根据制造系统实际，探求物料和能源消耗少、废弃物少、对环境污染小的工艺和流程，追求企业内供应链的优化。

（1）绿色设计。绿色设计具体包含产品从创意、构思、原材料与工艺的无污染、无毒害选择到制造、使用以及废弃后的回收处理、再生利用等各个环节的设计，也就是包括产品的整个生命周期的设计。要求设计师不要把心思花在如何使产品更加美观和标新立异上，而要研究出有效方法减少材料的使用量、使产品结构更加简单和延长产品的寿命。要求家电生产企业在电视机的设计阶段就将环境因素和预防污染的方法纳入产品设计之中，将环境性能作为产品设计的目标和出发点，保证产品对环境的影响为最小。比如，现在市场上有很多的电子产品的结构和外形都很简单，所用零部件也开始减少，不仅便于拆卸而且节省材料。海尔新近研发和推出的模卡电视以创新的整机系统节能技术成为绿色设计的一大亮点。该模卡通过高效电源、LED 冷光源等先进技术，节能效果达到 40%，并将待机功率降到了 0.1 瓦。

（2）清洁生产。家电生产企业应将清洁生产作为环境战略纳入公司的整体战略中。具体应做到以下几点：改善管理，采用先进的工艺技术与机器设备；从生产源头减少污染，提高资源利用率；减少或避免生产、产品使用和服务过程中污染物的产生和排放。例如，作为国内电视机生产的主要企业——TCL，在这一块就做得非常到位，严格要求每一位产线工人必须穿防静电衣服、鞋帽进车间，不准任何人携带手机等带辐射的电子产品进车间，每个车间的进出口都安排安保人员，这些安保人员都是进行严格的培训才能上岗的。

（3）绿色包装。家电的绿色包装应该遵循三个原则：遵守法规原则、创新设计原则和资源回收原则。电视机生产企业在产品包装设计和实施过程中，要尽量采用对环境和人类健康无害的包装，在包装材料选择上，选择不含铅、汞、锡等有毒成分的包装材料，选择可循环利用、可降解、易回收的包装材料。在包装结构设计上，采用“零度包装”，精简包装，采用可循环利用包装，采用易拆卸性包装。例如，液晶电视机通过由传统的竖放改为平放，装柜数量可增加一倍，既实现精简包装的目的，也大大降低了运费。

3. 销售环节

家电生产企业在销售过程中应进行绿色营销，将企业注意力从最大限度地刺激消费者、单纯追求利润转变为引导消费者追求绿色消费，从而达到减少消费的物质占有量，提高消费满意度的目标。在产品销售环节，并不只是环保产品的买和卖的问题，还涉及绿色产品宣传及生态形象设计，并通过广告、公关、人员推销、营销推广等传播企业绿色理念，从而引导绿色消费，建立绿色产品营销网络。例如，在 2009 国际消费电子展上，LG 提出了“拥有绿色，拥有美好生活”的绿色品牌主张，松下打出了“生态概念”的绿色品牌战略。

4. 回收及再利用环节

家电生命周期结束后，若不进行必要回收处理，将造成资源浪费和环境污染。废旧电视机产品成分复杂，废弃后若处置不当将对环境造成更大危害。而且，废旧家电蕴藏着巨大的回收利用价值。一方面，有一部分产品可以经过筛选和检测，恢复其使用价值，返回电视机生产企业，重新得到利用，如电视机的显示屏等。另一方面，废旧电视机中含有多种贵重金属，经过对废旧电视机的分拆和提炼处理，可以回收金、银、铜、锡、铬、铂等，这些贵重金属都是不可再生资源，而且市场价格都不便宜，一旦回收后能继续使用，将会使资源循环利用，节约公司的生产成本。电视机生产企业要对返回的产品、包装物和任何可以再次使用的产品零部件进行再次循环利用，实现产品生命周期中资源的闭环流动。而且，电视机产品受外界环境因素的影响较少，单件回收利用价值高，便于检验、运输和集中处理，适合于建立专业化回收中心进行统一回收管理，可以节省时间，节约成本，充分发挥专业化和规模化的优势，取得最优效益。例如，2006 年长虹启动废旧家电绿色回收项目，该项目得到了工业和信息化部、科技部、四川省等近 600 万元的资金支持，第一条废旧 CRT 电视回收生产线已经建成并开始工作。2008 年，TCL 集团与专业环保企业广东奥美特集团成立合资公司进军废旧家电回收处理产业。2010 年，海尔在青岛设立了废旧电子回收处理基地。

（二）海尔家电循环经济发展模式

海尔集团是世界上第四大白色家电制造商，也是中国电子信息百强企业之首。旗下拥有 240 多家法人单位，在全球 30 多个国家建立本土化的设计中心、制造基地和贸易公司，全球员工总数超过 5 万人，重点发展科技、工业、贸易、金融四大支柱产业，2005 年，海尔全球营业额实现 1039 亿元（128 亿美元）。而海尔的电视机产业是近几年才发展壮大起来的，这与他们公司的企业文化、创新精神以及走循环经济发展模式密切相关。

于 2009 年中国电子信息产业经济运行暨彩电行业研究发布会上获得“节能之星”、“健康环保之星”、“最佳推荐之星”三项绿色成就大奖，海尔模卡系列凭借其整机系统节能技术成为大会亮点。海尔电视相关负责人说，通过绿色节能技术、绿色工艺技术和绿色服务，海尔率先将环保、绿色和节能降耗的标准贯穿到平板电视生产销售全过程。

1. “海尔”的绿色设计

“海尔”的绿色设计体现在连续研发生产出新节能环保型电视机产品。2009 年，海尔集团基于我国节能、环保、健康需求日益强烈的判断，宣布停止生产所有节能差的平板电视，从设计、生产和服务方面打造新的绿色节能产业链。海尔彩电快速整合全球资源，开发出了模卡电视，开创了整机系统节能的先河，通过模卡电视这个平台，用户可以实现点对点按需定制电视模卡，同时海尔也为用户提供一对一个性服务，解决了传统电视内置功能模式功能无法升级与当下电视产品迅速更新换代之间的矛盾，省却了很多的外接播放、娱乐设备及复杂的连线、遥控器，不仅操作简便而且美观省电，满足了电视产品“功能自由升级，永不过时”的消费者理想，从源头上避免了产品更新换代产生的污染浪费，实现了整机系统节能。

海尔模卡电视的机卡分离模式不仅赢得了市场的验证，提供给用户全系列解决方案，同时也是一种新理念、新模式，最终实现了为消费者提供新的生活方式。海尔彩电在技术和模式上均走在行业发展的前列，海尔模卡电视凭借其绿色源头生产、整机系统节能、打造绿色节能产业、满足用户全方位需要等优势下，打造了全新的绿色节能标准，对提升整个行业的综合竞争力做出了突出贡献。

海尔在最新研发的节能产品中采用自适应动态背光控制技术，功耗降低30%以上，这些产品的模具全部采用符合 ROHS 环保标准的可回收、免喷涂材料制成，不含铅和汞等有毒有害物质，是名副其实的节能环保产品。据介绍，海尔模卡 T3 超薄 LED 系列，通过高效电源、LED 冷光源等先进技术，节能效果达到 40%，并将待机功率降到了 0.1 瓦。另外两款 K3、F3 系列节能平板电视采用了目前最先进的节能屏及智能省电技术，能够根据环境光线和播出的图像内容实时动态调整液晶电视背光，降低产品的平均功耗。

“海尔”的绿色设计理念来自海尔的企业文化和战略，公司要求设计师放弃那种过分强调产品在外观上标新立异的做法，而将重点放在真正意义上的创新上面，以一种更为负责的方法去创造产品的形态，用更简洁、长久的造型使产品尽可能延长其使用寿命。

2. “海尔”的绿色制造

从 2006 年起，海尔电视的整个生产制造全部采用无铅设备、无铅化焊锡工艺，从原材料选用就严格遵守低能耗控制，产品设计的新技术、新工艺也全部以绿色节能为标准，生产出来的产品全部达到了欧洲的绿色标准。2010 年海尔集团与挪威环保技术供应商 FramTech 正式签署节能环保协议，全面引入全球领先的绿色科技。双方将在低碳技术、能源优化技术等多个领域共同合作。

3. “海尔”的绿色营销

海尔在电视机产品的销售环节，考虑的并不只是环保产品的买和卖的问题，还涉及绿色产品宣传及生态形象设计，并通过广告、公关、人员推销、营销推广等传播企业绿色理念，从而引导绿色消费，建立绿色产品营销网络。

海尔的绿色行动产生了良好的市场反响，据奥维市场研究公司调查，海尔模卡电视各型号销量均在持续增长，42 寸模卡电视连续 6 个月单型号销量第一名。模卡电视在智能电视中占有率高达 50% 以上，在多媒体高端电视中占有率为 25%，均为市场份额第一。

4. “海尔”的绿色回收

经国务院批准，国家发改委确定浙江省、青岛市为国家废旧家电及电子产品回收处理体系建设试点省市，青岛则以海尔等企业为试点，走“制造企业建处理工厂”的模式。海尔也认识到家电回收逆向物流的重要性，并积极开展逆向物流技术研究，加快努力建立由用户、回收商、销售商、回收中心、制造企业等基本实体组成的家电回收体系，在青岛设立了废旧电子回收处理基地。目前，该回收处理基地正在投入使用中，而且效益非常不错。

“海尔”的绿色回收还体现在充分发挥国家“家电下乡”、“以旧换新”和“节能惠民工程”等三大利好政策的作用。2009 年 5 月 14 日，《全国家电下乡产品（彩电）项目招标结果公示》正式出炉，海尔 30 个型号的彩电产品榜上有名。在“以旧换新”的热潮中，仅 2009 年 7 月初的周末两天，全国卖场就换购了 5000 台模卡电视，成为“以旧换新”热潮中的最大赢家。

（三）中国废旧家电回收体系建设模式

1. 浙江永康废旧家电回收体系建设模式

浙江省是我国废旧家电回收处理试点省，浙江永康市是商务部在全国建设的 24 个再生资源回收体系试点城市之一，废旧家电回收是再生资源回收体系的一个重要组成部分。再生资源回收体系包括四个部分：回收站点、分拣中转站、废旧金属材料市场和信息网络平台。永康市在市内 90% 以上的社区设立了统一规范化管理回收站点，4 个再生资源分拣中转站，构建再生资源回收体系信息网络平台。其中，分拣中转站是再生资源的初级集散地，完成回收物质的二次挑选和分类。

该回收利用体系的建立从根本上改变了再生资源回收利用行业组织化程度低、回收利用水平低、交易方式落后、加工利用产品单一的现状，提高了再生资源利用率，带动了“五金”产业的发展，改善了市民生存居住环境。

2. 青岛废旧家电回收体系建设模式

青岛市有国内三大家电品牌：海尔集团、海信集团、澳柯玛集团，是我国废旧家电回收处理试点市。2006 年，由青岛市发改委、环保局等 8 个部门联合颁布了《废旧家电及电子产品回收处理试点暂行办法》，确定了废旧家电回收处理实行集中回收处理的原则，确定由试点企业（青岛新天地公司）负责对废旧家电进行回收、再利用和无害化处理。试点企业按照布局合理、交售方便、服务周到、回收有序的原则建立覆盖全市的回收网点，形成规范的废旧家电回收体系，并规定：第一，家电及电子产品生产企业应当利用其产品销售或售后服务网络回收其废旧家电，并交试点企业集中处理；第二，各级政府、事业单位等报废或更新淘汰的废旧家电由试点企业统一回收和处理；第三，家电销售商和售后服务机构有义务接受家电生产企业和试点企业委托回收废旧家电，统一交售试点企业。山东省支持青岛市的做法，并将回收体系范围扩至山东省。该回收体系的目标是实现回收业务的信息流、资金流、物流的高度统一管理，使得政府相关部门可以即时查询回收业务的相关信息、核查回收资金，普通大众可以通过互联网方便地递交回收信息、了解有关政策，回收公司可以有效地控制各地每一时刻的回收流程、实现规范回收。

（四）中国家电再制造模式

1. 广东贵屿以资源再生集散地为主的再制造模式

广东贵屿镇也是我国废旧家电回收利用的循环经济试点之一。20 世纪 90 年代开始该地从事废弃电器电子产品回收处理，目前在海内外建立起规模较大的家电资源化回收和处理体系，从业人数达到 5 万—10 万人。贵屿镇回收的废弃电器电子产品主要来源于欧美等发达国家、我国浙江、上海、广东等地，加工处理后的二手电子元器件等又络绎不绝地销往全国各地。废弃电器电子产品运到贵屿镇后，由一级拆解商对其先行分类，功能好的或故障小的电器电子产品稍作处理和维修后进入本地或外地二手市场，不能维修的产品则进行拆解，功能完好的零部件卖给小家电生产商或维修商进行再制造；不能再用的零部件则分类卖给下游专门的处理商，如线路板处理商、金属处理商、塑料处理商、电线处理商等。处理商处理后卖给本地或外地的材料生产商。例如，线路板处理商将线路板中的金属提取出来，出售给湖南株洲等地的冶炼厂进行冶炼、提纯生产新产品。该产业链完全按市场运作，以追逐经济利益最大化为目标，因此造成了污染环境、破坏自然生态、损害劳动者健康等社会问题。

2. 四川长虹以生产商为核心的再制造模式

随着废弃电器电子产品问题的日益严重，作为国有大型家用电器生产企业的长虹敏锐发现废弃电器电子产品从经济发达的东部流向西部地区的趋势，凭借对电器电子产品的了解，长虹成立了工程技术中心，组织团队开展废弃电器电子产品再制造的研究和技术应用。长虹在中国 30 多个省市区设立 200 余个营销分支机构，遍及全国上万个营销和售后网点，深入三、四级市场，建立废弃电器电子产品回收体系。

长虹利用强大的技术研发能力，开展废弃电器电子产品家电产品的再制造技术研究。一方面针对商返机、次品以及退货进行再制造；另一方面结合废弃电器电子产品的关键部件，如集成电路（IC）、等离子电视 PDP 模组、液晶电视 COF 器件、空调和冰箱的压缩机、电机等关键部件开展再制造技术研究。开发的电视机机壳再制造技术已经应用于机壳的生产，并形成了一个亿的年产值能力；开发了电视机的拆解生产线，并对不能再制造和重用的部件开展无害化处理。目前长虹已经将再制造作为企业发展的战略方向，规划到 2015 年实现废弃电器电子产品再制造产值达到 12 亿元，2020 年再制造产值达到 30 亿—40 亿元。

四　我国家电产业循环经济发展对策

（一）家电产业循环经济发展中存在的问题

尽管我国家电产业在循环经济发展上已经取得了不少的成绩，但对照国际先进国家的经验，仍然存在着如下一些问题。

（二）国家循环经济立法理念滞后，体系不健全

在我国，关于循环经济、可持续发展等新理念和内容并未纳入宪法、环境保护等基本法。虽然在实践上，我国环境污染与资源破坏问题突出，发展与生态环境的矛盾仍然尖锐，而我国现有环保法律的立法思路主要仍然基于末端治理或分段治理，对减少废弃物的产生及规制重视不够。虽然，我国已经出台了《循环经济促进法》，但还缺少与之相配套的专项法律和条例，如《电子产品回收再利用法》、《包装物再利用法》、《绿色消

费法》、《废弃物处理法》、《再生资源回收管理条例》等。法律体系的不健全还体现在资源法、环境保护基本法和专门法之间，缺少一类跨行业和跨部门的综合性法律，以对资源利用和环境保护进行综合规定，例如像日本的《资源有效利用促进法》和《废弃物处理法》这样的法律。

（三）政府的政策支持和监管力度不够

目前我国还没有对废旧家电征收回收处置费用，因此回收企业的前期投入会比较大，初期很难营利。同时还没有设立专门的政府机构负责废旧家电的回收和管理，也没有一套系统的管理法规和管理办法，更未制定出有效的废旧家电回收的措施，也没有从技术、经济上给从事废旧家电回收处理的企业及组织给予政策的扶持。更主要的是，政府没有建立定期对电视机生产企业实施监督检查的制度，这是造成企业照常按照传统生产模式进行生产的重要原因。因此，各种困难和来自多方面的负担也使得废旧家电的回收工作举步维艰。

（四）废旧家电市场缺乏统一管理，回收主体不明确

在我国，广大消费者对于废旧家电的处理大部分要么直接当作垃圾扔掉，要么就卖给走街串巷的收购垃圾的小贩，这些做法都不环保，更别说节约资源了。因为家电零件中含有有毒材料，若当垃圾扔掉，处理不恰当会造成严重后果；若卖给小商贩，这些商贩们将其中彻底不能用的作为普通垃圾随意丢弃，最终被填埋或焚烧，将其中还可以继续使用的产品翻新，然后转卖至偏远的农村地区，可能造成严重的安全问题。由于废旧家电市场的多、杂、乱等现象，很难进行统一管理，才会出现今天一片混乱的现象。通过对我国二手家电市场的调查可以发现，卖方更是以追求利润为目的，敷衍了事，在售的家电产品基本上没有标明有关产品的质量和安全信息，如产品来源地、剩余安全使用年限等图标，更没有附上产品使用说明书。通过对消费者问卷调查了解到，基本上都认为废旧家电存在很大市场，支持国家应该对废旧家电市场进行统一管理，如统一回收、贴标和出货，这样的服务才能达到消费者的要求。而且，由于我国废旧家电的产品多且分散，无法形成规模化地回收，导致我国废旧家电的回收主体至今还未明确，目前市场上有生产企业建立回收基地进行回收处理的，如海尔、海信、TCL 等大型企业；也有家电零售商参与进来的，如苏宁、国美电器；更多的是分散在全国各地的收垃圾的小贩，这是最不科学的。这种主体缺位是造成废旧家电回收处理无序化的原因之一。

(五) 企业尚未全面展开产品回收处理工作

按照生产者责任延伸制度的思想，家电生产企业应对其生产的产品承担报废后的回收处理责任。然而，目前只有像海尔、海信等企业还在继续摸索这条道路，很多家电生产企业没有进行有效的回收处理。这是由我国的实际国情所制约的，在我国没有相关的法律条例规定电器及电子产品的回收处理工作该由哪个主体承担责任，也没有制定出有效的回收措施，更主要的是从事废旧家电回收带来的经济利益不是很明显，加上技术手段不够先进等一系列问题。总结国外一些发达国家可以看出，它们在废旧家电回收处理方面，基本上都采用谁生产谁负责处理的原则。因为，每个企业都清楚地知道各自产品的设计和所使用的材料的特性与生产工艺，这样更有利于回收后的拆卸和再加工，提高资源回收率和利用率，节约时间和经济成本，而且也是完善它们售后服务的重要环节。如在日本，像电视机、电脑、洗衣机、电冰箱、空调等家用电器的回收利用率基本上都达到了50%以上。

(六) 家电产业循环经济发展对策

针对上述问题，我国家电产业要促进循环经济发展实际上涉及政府、企业、消费者三个方面，下面分别加以阐述。

1. 政府

首先，政府应该发挥主导作用，要在思想理念层面上大力宣传有关循环经济方面的思想，如地球资源的有限性，节约资源和能源、合理消费、废弃物利用、保护环境。将保护地球家园当作保护我们人类自己一样，反对浪费、反对污染环境，在整个社会形成一种以节约资源、废弃物利用、保护环境为荣，随意浪费、破坏环境为耻的氛围。

其次，总结发达国家循环经济经验可以看出，形成一套完备的循环经济法律法规体系是国家法制化健全的标志，更是循环经济得以顺利推行的重要保障。眼下，我国政府需要改变传统的立法理念，应将循环经济、可持续发展等新理念和内容纳入宪法、环境保护等基本法中来，调整循环经济立法的价值理念，在立法中必须注意循环经济模式与末端治理模式二者在理念和方式上所具有的显著区别，尽快完善有关家电产业循环经济方面的法律体系，尤其是废旧家电循环利用法律制度。具体应做到以下几点：①增强立法的主动性和控制能力，通过循环经济立法确定政府、企业的权利、义务与责任，引导和促进公众介入和参与循环经济系统建设；②通过法律将废旧家电的回收利用规定为每一个相应主体的义务，并对不履行职责和义务的组织、企业及个人给予处罚；③尽快制定家用电器报废标准、废旧家用电器回收利用技术标准和再生利用环境标准等相关标准；④通过制定家电行业相应的环境法规约束电视机生产企业的环境行为，如限制生产过程中废气废水排放量、噪声污染及运输过程中的车种选择等。

再次，需要在财政、税收等方面给予政策支持。应该像发达国家学习，出台具体的措施和必要政策来帮助家电回收利用企业。政府通过制定相关政策，形成发展循环经济的激励和约束机制，调节循环经济建设主体的经济利益，并使电视机生产企业认识到无论资源的减量化还是循环利用，其环境效益、经济效益和社会效益都适时体现出来。利用税收及收费手段对资源使用和污染制造行为予以限制和惩罚；以基金或补贴形式对节约资源、保护环境行为予以鼓励和支持。利用产业政策，限制资源浪费和制造污染产业的发展，支持绿色产业的发展。

最后，政府应加强监管力度。针对我国电视机产业的循环经济发展模式和废旧家电多，杂、乱的实际情况，应建立具体的循环经济评价指标体系，建立定期向企业和消费者发布相关信息的制度，建立定期对电视机生产企业实施监督管理的制度，设立专门的政府机构负责废旧电视机的回收和管理，制定一套系统的管理法规和管理办法，最好能够提供有效的回收措施。

2. 企业

首先，我国电视机生产企业也应采用生产者延伸责任制，在整条供应链过程中考虑环境因素，以现代物流理念和循环经济思想为支撑，构建起基于环境保护和物流合理化的电视机产业循环经济发展模式。这样，可以提高生产企业的责任意识，有利于产品从设计、材料选用的源头控制有毒有害物质的使用，采取有利于回收处理的设计方案；可以充分发挥生产企业在技术、人才、销售网络等方面的优势，最大限度地实现资源回收和零部件再利用。

其次，转变能耗高、粗放经营的传统发展模式，树立绿色供应链管理思想，积极倡导清洁生产，研究先进的生产技术，提高资源利用率，减少废弃物的排放，利用政府力量建立高效的回收体系。积极参与废旧家电的回收与处理，在回收处理技术方面借鉴欧美、日本等发达国家的经验，建立一批有回收处理资质的专业工厂。建立绿色会计制度，规范企业生产行为对环境的影响，让企业把生态经济也作为绩效考核的一部分，引导企业走可持续发展之路。

最后，电视机生产企业要保持上下游企业的紧密合作，发挥核心作用，保持产业链协同发展。要充分利用生命周期评价法的优势，重视对电视机产业整条供应链过程中运用生命周期评价法进行评价，并根据评价结果分析环境问题产生的来源并提出改进措施，优化循环经济发展模式，使之更加符合可持续发展。

3. 消费者

首先，积极倡导绿色需求、绿色消费的理念，并在实际消费行为中表现出来。绿色消费又称可持续消费，主要包括三个方面的内容：一是倡导消费时选择未被污染或有助于公众健康的绿色产品；二是在消费者转变消费观念，崇尚自然、追求健康，在追求生活舒适的同时，注重环保，节约资源和能源，实现可持续消费；三是在消费过程中注重对垃圾的处置。通过绿色消费方式促使电视机生产企业实施绿色供应链发展模式，研究开发新的绿色产品改变传统生产模式，实行循环经济发展模式，树立绿色环保新形象。通过绿色消费行为迫使企业采取循环经济发展模式，通过绿色消费舆论要求政府规范企业的环境行为。

其次，消费者必须节约资源、反对浪费和保护环境。

最后，消费者应该提高自觉意识，促进电视机产业参与循环经济发展模式积极倡导绿色消费，在废旧电视机的回收处理过程中承担责任和义务。

第五章　制造业产业链循环经济指标体系统一框架模型研究

从前面对资源型产业、中间产品产业和终端消费品产业循环经济模式的分析可以看到，制造业产业链的上、中、下游产业在循环经济发展工程中有着不同的特点和做法，面临不同的形势和任务，但循环经济发展的宏观目标和基本要求是一致的。为此，通过建立统一的循环经济指标体系统一框架模型以及反映制造业产业链上、中、下游产业各自循环经济任务的指标体系和权重是本章的研究内容。

第一节　构建统一框架模型的基本思路和原则

一　基本思路

制造业产业链具有一定的共性，这是建立制造业产业链循环经济指标体系统一框架的基础。面向以资源节约和环境保护为主要特征的制造业产业链循环经济综合评价指标体系应由下列指标构成。第一，行业生产技术特征必须在指标中有所反映；第二，指标体系中必须要有资源指标，自然资源的消耗直接反映项目对资源的利用及开发水平，有计划开发自然资源，才有可能减少自然资源消耗，实现可持续发展；第三，能源是企业生产的物质基础，但能源应该被企业合理利用，特别是不可再生能源的节约，不仅可以造福子孙后代，产生良好的社会效益，而且可以降低企业的生产成本，提高企业的经济效益；第四，制造业的“三废”排放及再利用是循环经济的重要内容；第五，废旧产品回收及废弃物资源化是制造业产业链循环经济发展不可或缺的、一定程度上代表着先进性的内容。

二　基本原则

（一）“3R”原则

“减量化、再利用、再循环”的核心旨在于减少进入生产过程的物质量，从源头资源使用和减少污染物的排放，提高能源和资源利用效率。这对于制造业产业链尤为适用，可以理解为制造业产业链资源和能源的减量化使用、工业废水、废气和废渣的减量排放。在选择制造业产业链循环经济评价指标时，充分考虑“3R”原则的重要性，突出能够体现此原则的指标在整个指标体系中的地位和作用是不可或缺的。

（二）不重叠原则

设计指标应全面反映制造业产业链循环经济发展的各种内涵，同时注意指标含义应该尽量不重叠。例如考虑到环境指标与废弃物再利用指标有很大的相关性，从促进制造业产业链循环经济发展的角度出发，选用废弃物再利用指标就显得更加准确。

（三）适应性原则

制造业产业链循环经济发展评价指标的选择要以其生产为核心。指标的选择只有紧密与制造业产业链相结合，保持高度的适应性，才能完整准确地评价制造业产业链循环经济的发展状况。因此，在选取循环经济发展评价指标时，尽可能地紧扣制造业产业链污染物机制和污染物特点的基本特征，选取与制造业产业链循环经济发展评价目标相适应的指标。

（四）综合性原则

制造业产业链循环经济的实现，要依据“3R”原则，构建其资源能源高效利用的经济运行机制，实现整个产业链指标体系的统一，因此应充分考虑系统的整体效应，使之能全面、充分反映制造业产业链各个环节物质与能量的运转状态。

（五）可操作性原则

制造业产业链循环经济发展评价指标的最终目标是反映其循环功能的发展程度，因此制造业产业链循环经济发展指标评价的关键是评价方法是否具有科学性和可操作性，必须保证能够获得不同时段与空间的评价指标值可以获取与量化。一般而言，统计资料应用较多，数据获取较容易，而且由于数据口径的一致，利于分析成果的推广与应用。

第二节　制造业产业链循环经济指标体系组成分析

一　制造业产业链上游端循环经济指标体系组成分析

上游产业作为资源型产业，高耗能产业（钢铁、有色金属、化工、建材、火电等）占了相当大部分，高耗能产业有着高能耗、高物耗（包括水耗）、高排放的显著特点，因此，在为各行业以及产业群整体设计的循环经济指标体系中，降低能耗、提高矿产资源利用率、“三废”排放控制和再利用、降低水耗等就成为重点组成部分。制造业产业链上游端的循环经济指标体系主要由四个方面组成，这四个方面及其相应的常见指标如下：

（1）降低能耗指标：能耗包括煤耗和电耗。资源型产业的能耗主要是生产过程中的能耗，生产工艺一般包括矿产资源开采、选矿和冶炼三个部分。因此，能耗控制指标一般有矿石开采能耗、精矿能耗和冶炼综合能耗三个部分。

（2）提高矿产资源利用率指标：矿石总采出率、主要矿产资源及伴生资源回收率、矿石利用平均品位、矿产资源综合利用率等。

（3）“三废”排放控制和再利用：①废水达标排放和循环利用；②烟尘达标排放和回收、二氧化硫达标排放和回收、一氧化碳达标排放和回收等；③矿渣达标排放和再利用等。

（4）降低水耗指标：单位产品新鲜水耗用量、综合水耗等。

二　制造业产业链中下游端循环经济指标体系组成分析

中、下游产业作为中间产品和终端消费品产业，有着产业链长、供应链管理、废旧产品回收责任逐渐加大的产业特征。因此，该产业特别重视产品生命周期（设计、生产、营销、使用及回收）绿色管理、绿色供应链管理、产品拆卸回收等环境管理问题。制造业产业链中下游端的循环经济指标体系主要由三方面组成，这三个方面及其相应的一些常见指标如下：

（1）产品生命周期环境管理是一个二维结构分析模型，其中横轴为生命周期的各个阶段，即开发设计、加工制造、产出包装、销售运输、使用维护和回收处置；纵轴为各个阶段环境管理的相关内容：经济属性、技术属性、环境属性、资源属性、能源熟悉、社会属性等。

（2）绿色供应链管理：现代社会专业化分工越来越细，产品生命周期一般是由多个企业共同实施的，这是一供应链管理过程，

（3）产品拆卸回收，这是循环经济指标体系构建的重点，包括产品的可拆卸性、可回收性、拆卸和回收的经济性等。

三　评述

上中下游产业之间的绿色管理或环境管理既有着共同点，也存在着不同之处。共同点为，以减少生产和消费过程对环境的影响为目标，以节能、降耗、减排、废弃物再利用为基本方式。不同之处为，上中下游产业对环境的影响程度不同，几种方式在上中下游产业中所起到的作用不同。相对而言，上游产业对生态环境的影响程度比中下游产业的影响要大得多，尽管几种基本方式都有运用，但由于产业链短，绿色供应链管理手段却应用不多。中下游产业由于产业链长，绿色供应链管理问题在理论研究中得到高度重视，产品生命周期绿色管理本质上也体现了绿色供应链管理的思想。另外，由于产品寿命周期的缩短，废旧产品的拆卸、回收和再利用问题越来越严峻，并成为原材料重新投入生产，这一环节将中下游产业与上游产业又联系了起来（逆向物流）。显然，由于正向和逆向物流的联结作用和互动作用，上中下游产业作为制造业产业链的不同环节是紧密联系的，这进一步说明应该建立统一的、体现绿色化管理或环境管理传递思想的循环经济指标体系。

第三节　制造业产业链循环经济指标体系比较分析及统一模型

一　基于循环经济视角下的制造业产业链物流关联分析

基于循环经济视角下的制造业产业链的物流分析如图 5－1 所示。图中，上游与下游产业之间通过中游产业和静脉产业形成正向和逆向物流关系。正向和逆向物流都是制造业产业链价值链的有机组成部分，即在循环经济视角下，制造业产业链增加了静脉产业部分。通过该图，可对制造业产业链不同环节循环经济的重点工作进行比较分析，进而构建统一的制造

业产业链循环经济指标体系模型。

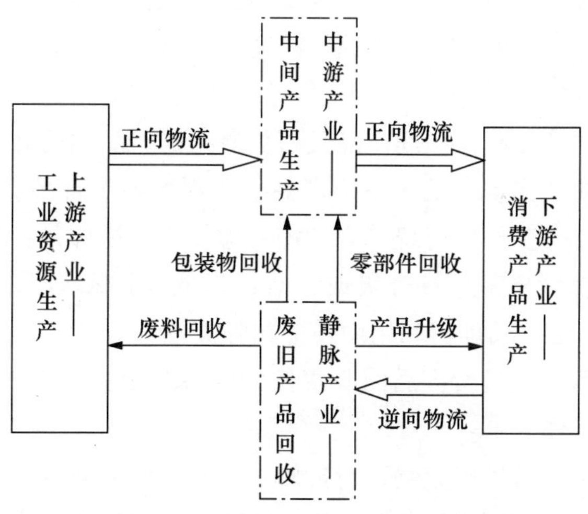

图 5－1　制造业产业链物流

二　制造业产业链不同环节循环经济工作重点比较分析

上游产业循环经济建设的工作重点，一是节能。能耗成本在该产业产品的财务成本构成中所占比例相当大，一般可达到 30%—50%。因此，节能不仅是降低产品成本的需要，而且是循环经济乃至低碳经济建设的要求。二是减排。即应不断减少“三废”排放，包括“三废”达标排放和再利用两个方面。三是降耗。这里指降低物耗，主要是矿石消耗和新鲜水消耗。主要措施是，第一，淘汰落后产能，提高能源的二次利用率，降低单位产品能耗；第二，提高“三废”的再利用水平；第三，引进先进设备或对现有设备进行技术改造等。

中游产业（中间产品的生产及经营产业）是连接上下游产业的中间产业，目前对该产业的概念界定比较模糊。根据中游产业的概念内涵，中间产品是指在生产中处于迂回生产链终端前的产品，但不包括企业内部生产出来的供自己使用的投入品，它必须是在市场上交易的投入品，并且它也不同于通常意义上的半成品（刘庆玉，2004）。一般来说，生产的专业化程度越高，中间产品的种类和规模越多，工业化水平越高。典型的中间产品有汽车发动机、集成电路板（半导体）、石化产品、碳一产品等。中间产品的升级、节能降耗、回收是该产业循环经济的重点工作。例如，绿色新能源汽车发动机的研发在国内外均受到高度重视，具有良好的商机

（叶正飞，2008），燃气发动机和二甲醚燃料发动机因燃料成本远远少于汽油，具有很大的发展潜力。集成电路板因可以提炼稀贵金属以及其他可回收原材料是静脉产业的主要回收产品之一，石化产品和碳一产品也具有较好的可回收价值。

下游产业的产品相比中间产品具有更复杂的产品结构和组成部分，其循环经济建设的工作重点是从整个产品生命周期各个环节的节能、减排、降耗、产品回收等工作进行统筹和均衡考虑。主要措施是：第一，对生产线中的电机等动力装置进行升级或技改，降低电耗和动力蒸汽的消耗水平；第二，“三废”减排再利用中还应包括废油如冷却液、润滑油等处理和回收利用；第三，履行产品回收责任中的拆卸设计、旧产品分类处理、包装物回收等工作。

静脉产业是对各类废弃物进行拆解、回收和资源化的产业。在我国沿海一些地区静脉产业园区形成了一定的规模，在我国现阶段，该产业具有很大的发展潜力。

可以看到，制造业产业链不同环节循环经济工作的主线都是节能、减排、降耗、废弃物回收等四项基本工作，各项工作所占比重及侧重点有很大不同。主线相同为建立统一的循环经济指标体系框架奠定了基础，不同的工作重点可以在各自循环经济指标选择中反映出来。

三　基于生产链的制造业产业链循环经济指标体系统一模型及组成指标

从生产链视角，制造业产业链上中下游统一的循环经济指标体系框架模型根据上中下游产业的特点和既有成果确定，分为能耗、物耗、生产过程废弃物处理和回收、产品及包装物回收、绿色设计、原料生产及采购等部分。其中，上中下游产业的循环经济重点指标也相应地进行了初步的确定，如表5－1所示。指标体系A、B为制造业产业链循环经济发展要降低的基本参数，C、D、E、F反映了产品生命周期的阶段性控制参数。上、中、下游产业对这些部分的参数可以有针对性地选取。以同样方式，还可以构建中游产业循环经济指标体系和静脉产业循环经济指标体系。

四　基于综合绩效的制造业产业链循环经济指标体系统一模型及组成指标

（一）研究基于综合绩效的制造业产业链循环经济指标体系的必要性

循环经济的发展目标是实现综合绩效，即经济绩效、环境绩效和社会

表5－1　　制造业产业链循环经济指标体系框架模型及指标选择

指标体系		权重变量	上游产业指标体系	下游产业指标体系	中游产业指标体系	静脉产业指标体系
能耗（A）	电耗	W1	√	√	√	√
	煤耗	W2	√			
	气耗	W3		√	√	
物耗（B）	原料消耗	W4	√	√	√	
	水耗	W5	√			√
生产过程废弃物处理和回收（C）	废水	W6	√			√
	废气	W7	√			
	固体废弃物	W8	√	√	√	√
	废油、废液	W9		√	√	
产品及包装物回收（D）	旧产品升级	W10		√	√	√
	零部件再利用	W11		√	√	√
	废料再利用	W12	√	√	√	√
	包装物回收	W13		√		√
绿色设计（E）	产品可拆卸设计	W14		√	√	
	产品可回收设计	W15		√	√	
原料生产及采购（F）	原料开采	W16	√			
	原料提炼	W17	√			
	原料采购	W18		√	√	√

绩效的有机结合。制造业产业链实施循环经济目前还不能单从经济绩效来评价，其获得的环境绩效和社会绩效也很重要，尤其是对高污染、高排放的高耗能产业来说。在现代社会，随着对企业应承担社会责任的呼吁越来越高，企业建立综合绩效经营目标体系的必要性日渐突出。尽管经济绩效是企业经营的根本目标，但综合绩效与经济绩效并不完全冲突，事实上，已有越来越多的实证研究表明，环境绩效、社会绩效与经济绩效之间存在一定的正相关关系。

对经济绩效、环境绩效和社会绩效三者之间的对立统一关系的认识是企业或产业建立综合绩效经营目标体系的思想基础。对立统一关系表现在，从近期看，追求环境绩效或社会绩效可能会增加企业成本，影响企业经济绩效。但从长远来说，三个绩效之间又是相互依存、相互促进的协调发展关系。相互依存是因为，现代企业不能仅仅追求自身利益的最大化，还应履行保护生态环境和其他的一些社会责任，即树立环境绩效和社会绩效目标，这也是企业保持长期竞争力的需要。在西方发达国家，环境绩效和社会绩效已成为越来越多的公司的经营目标组成部分。越来越多的事例表明，忽略环境绩效和社会绩效的企业在市场竞争中会处于不利地位，特别是在开拓国际市场的过程中受到的这种挑战和压力更加显著，我国外贸中遇到的绿色壁垒就是典型的例子。相互促进是指，第一，实现环境绩效可以减少污染排放，提高废弃物的再利用率，减少资源浪费，减少废弃物治理成本，避免因废弃物超标排放而遭到的罚款，从而促进经济绩效；第二，实现社会绩效可以改善企业形象，赢得竞争优势，从而可以转化为经济绩效；第三，经济效益为企业实现环境绩效和社会绩效提供经济基础。

将循环经济指标体系按照综合绩效分类，其优点表现在：第一，明确企业的多目标是在经济绩效目标的基础上向环境绩效和社会绩效目标的延伸，使企业的多目标之间的层次或主次关系更加明确；第二，克服对企业循环经济多目标体系片面要求大而全的思想。应该看到，循环经济的多绩效目标体系的建立是一个逐渐发展和完善的过程，不可跨越企业的运营承受能力，应视经济发展基础、行业特点、地区环境容量等来分阶段及有针对性地制定。

鉴于制造业的特点，从综合绩效角度对制造业的循环经济指标体系进行系统和深入研究是非常有必要的，它将使该指标体系的结构和层次更加全面、合理、有可持续性。

（二）基于综合绩效的制造业产业链循环经济指标体系统一模型及组成指标选择

制造业产业链的循环经济综合绩效指标体系如图 5 – 2 所示。在此，根据高耗能产业的特点，首先对方案层的目标进行排序，以明确综合绩效目标的主次或层次关系。排序思路为：（1）经济绩效是高耗能产业发展的根本目标和基础；（2）按照循环经济的发展要求，经济绩效与环境绩效的结合是关键，其中，污染控制（达标排放）更为迫切；（3）三个绩效目标的综合即综合绩效是长远目标。因此，按照各绩效目标的重要性程度以及紧迫性要求，制造业综合绩效目标的层次依次为经营效果/发展潜力、污染控制、物质减量和废弃物再利用、社会责任和综合贡献，如图 5 – 3 所示。低层次目标为企业的近期经营目标，高层次目标为企业的长远发展目标。由低到高，呈现出企业综合绩效目标逐步扩展的趋势。

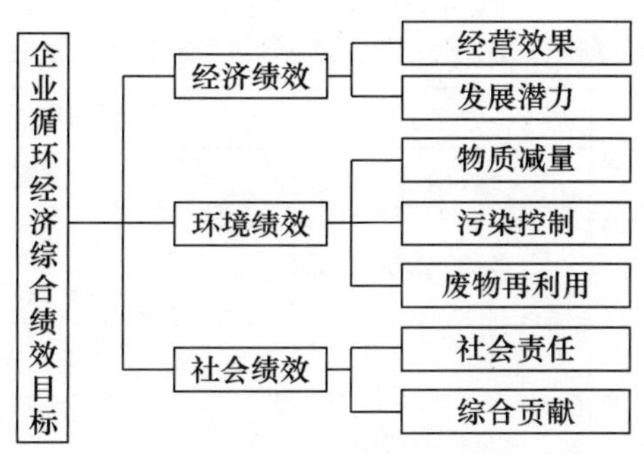

图5－2　基于综合绩效的企业循环经济指标体系框架

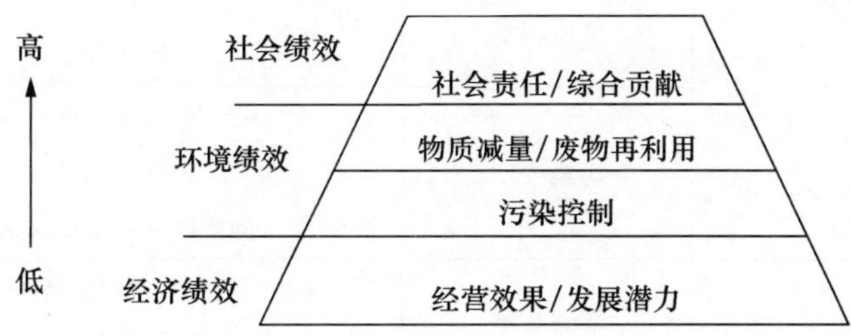

图5－3　制造业循环经济综合绩效目标的层次

基于综合绩效的制造业产业链循环经济指标体系一般由准则层、方案层、指标层组成，如表5－2所示。其中，准则层由经济绩效、环境绩效、社会绩效构成；方案层根据经济绩效、环境绩效、社会绩效的内涵具体分解；指标层则结合企业的特征或产业的发展特点来选取。可以将经营效果和发展潜力作为经济绩效的方案层；社会责任和综合贡献作为社会绩效的方案层；物质减量、废弃物再利用以及污染控制作为环境绩效的方案层。指标层给出了方案层的一些参考指标。

五　两种循环经济指标体系的比较

上述两种指标体系基于不同视角，各有特点，可以视情况选用。相对而言，基于综合绩效的制造业产业链循环经济指标体系涉及面更广，虽然重点是环境绩效部分，也兼顾企业的经济绩效和社会绩效部分。基于生产链的制造业产业链循环经济指标体系可以说是对环境绩效部分的深化和拓宽，深化是指与环境绩效相关的指标更加具体，其中部分指标也会间接产生经济效益；拓宽是指从产业链和产品生命周期的视角考量指标体系构建，一定程度超越了企业范畴。

表 5 – 2　基于综合绩效的制造业产业链循环经济指标体系统一模型

	准则层	方案层	指标层（参考指标）
制造业群循环经济指标体系	经济绩效	经营效果	现有资源的高效利用
		发展潜力	工业产值增长 资源增长潜力
	经济绩效	废弃物再利用	余热回收利用 废水回用 从废气中提取有价元素 固体废弃物回收再利用
		物质减量	物耗降低 能耗降低
		污染控制	废水达标排放 废气达标排放 固体废弃物堆存及治理
	社会绩效	综合贡献	企业可持续发展对区域经济的贡献 成为社会资源循环链（网）的有机组成部分
		社会责任	生态经济效率不断提高 污染减排对区域环境质量的改善 生产环境友好产品

第六章　制造业分产业循环经济指标体系研究

第一节　资源型产业循环经济指标体系研究

一　金属产业循环经济指标体系研究

金属产业也称作冶金工业，火法冶金和湿法冶金是两种基本的冶金过程。火法冶金是指在高温下应用冶金炉把有价金属和精矿中的大量脉石分离开的各种作业。

（1）火法冶金是提取纯金属最古老、最常用的方法。火法冶炼所采用的步骤有焙烧、熔炼、吹炼、火法精炼、电解精炼以及化学精炼。火法冶金在钢铁、铜、铅生产中占绝对优势。

（2）湿法冶金是将矿石经选矿富集的精矿或其他原料与水溶液或其他液体接触，通过化学反应等，使含有的有用金属转入液相，再对液相中所含各种有用金属进行分离富集，最后以金属或其他化合物形式加以回收利用的方法。

冶金业从原料、焦化、烧结到冶炼、连铸以及轧压的生产过程中产生大量的废气、废水、废渣。

（1）废气排放。冶金生产过程中，不仅火法冶金各工序排放“废气”，即使是湿法冶金，由于化学反应和蒸发，在干燥、焙烧，以及浸出渣的挥发处理等工序，也向空气排放“废气”。冶金废气具有以下特点：含尘高、温度高、烟尘粒度细，且有一定的导电性和腐蚀性。

（2）废水排放。冶金废水成分、性质十分复杂，且含有大量的有毒物质、耗氧污染物、悬浮物固体污染物、酸碱污染物及油脂。它们又是有用的工业原料，随意排放造成资源浪费，应当回收利用。

（3）固体废弃物排放。冶金固体废弃物包括采矿废石、选矿的尾矿、各种金属渣、粉尘、废屑、废水处理后的残渣污泥等。这些固体废弃物的综合利用和再资源化是一项十分重要的课题。

再对火法冶金和湿法冶金的“三废”排放进行具体分析。

（1）火法冶金在冶炼过程中使用的燃料有煤和重油，一般燃料中均含有硫，因此在冶炼过程中要排放大量的二氧化硫。二氧化硫可以用来制取硫酸，元素硫和其他化学制品。火法冶金的原料和冶炼方法种类繁多，因而炉渣的类型也很多，成分非常复杂，但对于含有有价金属的熔渣应针对其含有的有色金属和贵金属品位和组成采用不同的方法进行回收。火法冶金过程外排的污水主要有冶金炉的水套排污水、余热锅炉的排污水、锅炉软化水设备的排污水，这部分水一般不含有害成分。

（2）湿法冶金污染物特点是量大、面广。废水中主要含有重金属，通过物理法、化学法和生物法可以回收利用；废气中主要含有二氧化硫烟气、氮氧化物以及含氟废气；冶炼废渣中含有其他金属和稀有金属，可作为提炼其他金属或稀有金属的原料。

按照前述的两种制造产业链循环经济指标体系统一模型框架，根据金属产业及其“三废”排放特点，给出：

（1）基于生产链的金属产业循环经济指标体系，如表 6 –1 所示。其中，根据湿法冶金和火法冶金的不同工艺流程、重要污染物以及污染物特点选取了比较符合它们共性和个性的污染控制指标：重金属污水产生量、化学需氧量及石油类排放量、烟粉尘、含氟废气排放量、冶金废渣、粉尘排放量。废弃物利用指标主要有：二氧化硫回收利用率、冶金废水回收利用率、废渣回收利用率、氮氧化合物回收利用率。又根据钢铁、铜产业及其“三废”排放特点，分别给出钢铁产业循环经济指标体系（见表6 –2），铜产业循环经济指标体系（见表6 –3）。

（2）基于综合绩效的金属产业循环经济指标体系如表6 –4 所示。

二　非金属产业循环经济指标体系研究

（一）化工产业循环经济指标体系构建

化学工业是指将原料物进行化学处理和转化加工的生产部门。化工产业的特点是，化工生产从原料、中间产品到产品大都具有易燃、易爆、易中毒、有腐蚀物质；生产操作多为高温、高压、高速、化学反应复杂、连续性强的化工过程。化学生产过程一般可概括为原料处理、化学反应以及产品精制三个主要步骤。

表 6 -1　　　　基于生产链的金属产业循环经济指标体系

<table>
<tr><th>一级指标</th><th>二级指标</th><th>三级指标</th></tr>
<tr><td rowspan="3">能耗减量（A）</td><td>电耗减量</td><td>单位产品电耗降低
单位产值电耗降低</td></tr>
<tr><td>综合能耗减量</td><td>单位产品能耗降低
单位产值能耗降低</td></tr>
<tr><td>余能利用</td><td>余热梯级利用率
余压梯级利用率</td></tr>
<tr><td rowspan="2">物耗减量（B）</td><td>原料消耗减量</td><td>生产主料消耗降低
生产辅料消耗降低</td></tr>
<tr><td>水耗减量</td><td>单位产品新鲜水耗</td></tr>
<tr><td rowspan="3">生产过程废弃物处理和回收（C）</td><td>废水处理和回收</td><td>废水达标排放率
工业水综合复用率
冶炼废水回用率
选矿废水回用率
矿井水利用率</td></tr>
<tr><td>废气处理和回收</td><td>烟粉尘、含氟量达标排放
二氧化硫回收利用率
焦化煤气回收利用率</td></tr>
<tr><td>固体废弃物处理和回收</td><td>尾矿安全堆存及无害化治理
冶金废渣安全堆存及无害化治理
冶金废渣回收利用率
尾矿回收利用率</td></tr>
<tr><td>产品及包装物回收（D）</td><td>废料再利用</td><td>废旧金属回收利用率</td></tr>
<tr><td rowspan="2">绿色设计（E）</td><td>产品可拆卸设计</td><td></td></tr>
<tr><td>产品可回收设计</td><td></td></tr>
<tr><td rowspan="3">原料生产及采购（F）</td><td>原料开采</td><td>采矿回采率
主营矿产资源探明储量增长</td></tr>
<tr><td>原料提炼</td><td>主要金属矿资源综合回收率
伴生金属矿资源综合回收率
伴生金属矿资源综合回收能力</td></tr>
<tr><td>原料采购</td><td>废旧金属采购比率</td></tr>
</table>

表 6－2　　　　基于生产链的钢铁产业循环经济指标体系

一级指标	二级指标	三级指标
能耗减量（A）	电耗减量	单位产品电耗降低（吨钢电耗） 单位产值电耗降低
	综合能耗减量	单位产品能耗降低（吨精矿能耗、吨铁能耗、吨钢能耗） 单位产值能耗降低 单位产品煤耗降低
	余能利用	余热梯级利用率 余压梯级利用率
物耗减量（B）	原料消耗减量	生产主料消耗（铁矿、高炉喷煤量、转炉金属料消耗量、高炉综合焦比等）降低生产辅料（选矿药剂等）消耗降低
	水耗减量	吨钢新鲜水耗
生产过程废弃物处理和回收（C）	废水处理和回收	废水达标排放率 工业水综合复用率 冶炼废水回用率 选矿废水回用率 矿井水利用率
	废气处理和回收	烟粉尘、煤气量达标排放 二氧化硫回收利用率 焦化煤气回收利用率
	固体废弃物处理和回收	尾矿安全堆存及无害化治理 冶金废渣安全堆存及无害化治理 冶金废渣（铁渣、钢渣、高炉渣等）回收利用率 含铁尘泥回收利用率 粉煤灰回收利用率 尾矿回收利用率
产品及包装物回收（D）	废料再利用	废铁回收利用率
绿色设计（E）	产品可拆卸设计	
	产品可回收设计	

续表

一级指标	二级指标	三级指标
原料生产及采购（F）	原料开采	采矿回采率 主营矿产资源探明储量增长 最低品位铁矿利用
	原料提炼	主要金属矿资源综合回收率、选矿回收率、冶炼回收率伴生金属（铜、锰等）矿资源综合回收率 伴生金属矿综合回收能力
	原料采购	废铁采购比率

表 6－3　　　　基于生产链的铜产业循环经济指标体系

一级指标	二级指标	三级指标
能耗减量（A）	电耗减量	单位产品电耗降低（吨钢电耗） 单位产值电耗降低
	综合能耗减量	单位产品能耗降低（吨精矿能耗、吨铜能耗）单位产值能耗降低
	余能利用	余热梯级利用率 余压梯级利用率
物耗减量（B）	原料消耗减量	生产主料消耗降低 生产辅料（选矿药剂等）消耗降低
	水耗减量	吨铜新鲜水耗
生产过程废弃物处理和回收（C）	废水处理和回收	废水达标排放率 工业水综合复用率 冶炼废水回用率 选矿废水回用率 矿井水利用率
	废气处理和回收	烟粉尘、含硫量、含氟量达标排放 二氧化硫回收利用率（总硫回收率）
	固体废弃物处理和回收	尾矿安全堆存及无害化治理 铜渣安全堆存及无害化治理 铜渣回收利用率 尾矿回收利用率

续表

一级指标	二级指标	三级指标
产品及包装物回收（D）	废料再利用	废铜回收利用率
绿色设计（E）	产品可拆卸设计	
	产品可回收设计	
原料生产及采购（F）	原料开采	采矿回采率 主营矿产资源探明储量增长 最低品位铜矿利用
	原料提炼	主要金属矿资源综合回收率、选矿回收率、冶炼回收率伴生金属（金、银、其他金属）矿资源综合回收率 伴生金属矿综合回收能力
	原料采购	废铜采购比率

表 6－4　基于综合绩效的金属产业循环经济综合绩效指标体系

<table>
<tr><td rowspan="7">冶金行业循环经济指标体系</td><td>准则层</td><td>方案层</td><td>指标层</td></tr>
<tr><td rowspan="2">经济绩效</td><td>经营效果</td><td>净资产收益率
净利润现金流量比率
全部投资内部收益率</td></tr>
<tr><td>发展潜力</td><td>资本保值增值率
先进生产线使用比率
绿色研发费用投入比率</td></tr>
<tr><td rowspan="2">社会绩效</td><td>社会责任</td><td>自有资金静态投资回收期
排放物或污染物引发的社会问题</td></tr>
<tr><td>综合贡献</td><td>社会保障事业
经济结构改善和增加社会就业效果
对当地科技进步的影响</td></tr>
<tr><td>环境绩效</td><td>生产工艺和装备要求</td><td>电解槽及衬炉
余能回收装置
自动化控制
煤气净化装置
泄漏防范措施
各系统除尘设施</td></tr>
</table>

续表

<table>
<tr><th></th><th>准则层</th><th>方案层</th><th>指标层</th></tr>
<tr><td rowspan="4">冶金行业循环经济指标体系</td><td rowspan="4">环境绩效</td><td>资源与能源消耗指标</td><td>原材料消耗
生产取水量
氧气消耗
工序能耗</td></tr>
<tr><td>废弃资源再生利用率</td><td>二氧化硫回收利用率
冶金废水回收利用率
废渣回收利用率
氮氧化合物回收利用率</td></tr>
<tr><td>污染物控制指标</td><td>废水　重金属污水产生量
化学需氧量及石油类排放量
废气　烟粉尘、含氟废气排放量
废渣　冶金废渣、粉尘排放量</td></tr>
<tr><td>环境管理</td><td>环境法律法规标准
组织机构、环境审核
废弃物处理、生产环境管理</td></tr>
</table>

在原料处理过程中，化工原料有时本身纯度不够，其中含有杂质。这些杂质因一般不参与化学反应，最后要排放掉，而且大多数杂质为有害化学物质，对环境会造成重大污染。目前，所有化工生产中，原料不可能全部转化为半成品或成品，其中有一个转化率问题。未反应的原料，虽有部分可以回收利用，但最终总有一部分因回收不完全或不可能回收而被排放掉，若化工原料为有害物质，排放后便会造成环境污染。

在化工生产中，进行主反应的同时，还经常伴随着一些人们所并不希望的副反应及其产物。副反应物虽然有的经过回收之后可以成为有用的物质，但是由于副反应产物的数量不大，而且成分又比较复杂，要进行回收存在许多困难，经济上不合算，所以往往将副反应产物作为废料放弃而引起环境污染。化学工业排出的污染物对水和大气都会造成污染，其中尤以水污染问题更为突出，且不同生产方法和生产工艺所产生的污染源不同。

化工废水的污染有以下特点：

（1）有毒性和刺激性。化工废水中含有许多污染物，有些含有毒或剧毒的物质，这些物质对生物和微生物有毒性或剧毒性；有的物质不易分解，在生物体内长期积累会造成中毒。

（2）生物需氧量和化学需氧量都较高。化工废水特别是石油化工生产废水，含有各种有机酸、醇、醛、醚和环氧物等，这种废水一经排入水体，就会在水中进一步氧化分解，从而消耗水中大量的溶解氧，直接威胁水中生物的生存。

（3）废水温度较高。化学反应常在高温下进行，排出的废水水温较高，这种高温废水排入水域后会造成水体的热污染。

（4）恢复比较困难。受化工有害物质污染的水域即使减少或停止污染物排出，要恢复水域原来状态仍需很长时间。

化工废气的污染特点为：

（1）易燃、易爆气体较多。这类气体有低沸点的酮、醛、易聚合的不饱和烃等，如不采取适当措施进行处理，容易引起火灾、爆炸事故。

（2）排放物大都有刺激性或腐蚀性。化工生产排出的刺激性腐蚀性气体很多，这些气体除直接损害人体健康外，对农林业也有极大的破坏作用。

化工废渣会对土壤、水域以及大气造成污染，尤其是有毒废渣会使土壤受到污染，进而导致农作物等受到污染，给人类健康带来很大的危害。

按照前述的制造产业链循环经济指标体系统一模型框架，根据化工产业及其“三废”排放特点：

（1）给出基于生产链的化工产业循环经济指标体系如表6－5所示。其中，化学工业的余热主要是低温位热的利用。在一般化工产业循环经济指标体系基础上，分别结合煤化工、磷化工产业及其“三废”排放特点，给出煤化工、磷化工产业循环经济指标体系如表6－6和表6－7所示。煤化工的主要固体废弃物是煤渣、煤矸石、煤泥，目前综合利用率较高；磷化工的主要固体废弃物是磷石膏的利用，其综合利用还是一亟待解决的难题。

表6－5　　基于生产链的化工产业循环经济指标体系

一级指标	二级指标	三级指标
能耗减量（A）	电耗减量	单位产品电耗降低 单位产值电耗降低
	综合能耗减量	单位产品能耗降低 单位产值能耗降低
	余能利用	余热（低温位热）梯级利用率 余压梯级利用率

续表

一级指标	二级指标	三级指标
物耗减量（B）	原料消耗减量	生产主料消耗降低 生产辅料消耗降低
	水耗减量	单位产品新鲜水耗
生产过程废弃物处理和回收（C）	废水处理和回收	总磷、氟化物、氨氮含量达标排放率 化学零氧量及石油类含量达标控制 工业水综合复用率 化工废水回用率 浮选废水回用率 矿井水利用率
	废气处理和回收	烟粉尘、含氟量、氮氧化物达标排放 二氧化硫回收利用率 焦化煤气回收利用率
	固体废弃物处理和回收	化工渣安全堆存及无害化治理 其他废渣安全堆存及无害化治理 化工渣回收利用率
产品及包装物回收（D）	废料再利用	
绿色设计（E）	产品可拆卸设计	
	产品可回收设计	
原料生产及采购（F）	原料开采	采矿回采率 主营矿产资源探明储量增长
	原料提炼	主要非金属矿资源综合回收率 伴生非金属矿资源综合回收率 伴生非金属矿综合回收能力
	原料采购	

（2）基于综合绩效的金属产业循环经济指标体系如表 6－8 所示。

（二）建材行业循环经济指标体系的构建

建材工业是重要的原材料工业，十几年来，我国建材工业得到了快速发展，已成为建材大国。并且，我国已经开始从世界上最大的建筑材料生产国和消费国逐步向建材强国迈进。近年来，建材工业在推广循环经济发展模式方面也取得了可喜成果，水泥和墙材工业是建材行业利用工业固体废弃物的主要产业，其利用量从 2000 年的 1.7 亿吨增加到 2010 年的 6 亿吨，增长 3.5 倍。

表 6-6　基于生产链的煤化工产业循环经济指标体系

一级指标	二级指标	三级指标
能耗减量（A）	电耗减量	单位产品电耗降低 单位产值电耗降低
	综合能耗减量	单位产品能耗降低 单位产值能耗降低 单位产品煤耗降低
	余能利用	余热（低温位热）梯级利用率 余压梯级利用率
物耗减量（B）	原料消耗减量	生产主料消耗降低 生产辅料消耗降低
	水耗减量	单位产品新鲜水耗
生产过程废弃物处理和回收（C）	废水处理和回收	化学需氧量及石油类含量达标控制 工业水综合复用率 煤化工废水回用率 矿井水利用率 洗煤废水回用率
	废气处理和回收	烟粉尘、煤气、二氧化硫达标排放 总硫回收利用率 焦化和其他煤气回收利用率
	固体废弃物处理和回收	煤矸石安全堆存及无害化治理 其他废渣安全堆存及无害化治理 煤渣（煤矸石、煤泥等）回收利用率 电炉渣和电尘渣回收利用率
产品及包装物回收（D）	废料再利用	
绿色设计（E）	产品可拆卸设计	
	产品可回收设计	
原料生产及采购（F）	原料开采	采矿回采率 煤矿产资源探明储量增长
	原料提炼	煤矿资源综合回收率
	原料采购	

表 6－7　　基于生产链的磷化工产业循环经济指标体系

一级指标	二级指标	三级指标
能耗减量（A）	电耗减量	单位产品电耗降低 单位产值电耗降低
	综合能耗减量	单位产品能耗降低 单位产值能耗降低
	余能利用	余热（低温位热）梯级利用率 余压梯级利用率
物耗减量（B）	原料消耗减量	生产主料消耗降低 生产辅料（硫酸、磷酸）消耗降低
	水耗减量	单位产品新鲜水耗
生产过程废弃物处理和回收（C）	废水处理和回收	总磷、氟化物、氨氮、重金属、化学需氧量及石油类含量达标排放率 工业水综合复用率 磷化工废水回用率 浮选废水回用率 矿井水利用率
	废气处理和回收	烟粉尘、含硫量、含氟量、二氧化硫达标排放 总硫回收利用率 黄磷炉尾气回收率
	固体废弃物处理和回收	磷石膏安全堆存及无害化治理 其他废渣安全堆存及无害化治理 磷石膏、电炉渣和电尘渣回收利用率 尾矿处置利用率
产品及包装物回收（D）	废料再利用	
绿色设计（E）	产品可拆卸设计	
	产品可回收设计	
原料生产及采购（F）	原料开采	采矿回采率 磷矿资源探明储量增长 最低品位磷矿利用
	原料提炼	磷矿资源综合回收率
	原料采购	

表 6－8　　　　基于综合绩效的化工行业循环经济指标体系

<table>
<tr><th colspan="2">准则层</th><th colspan="2">方案层</th><th>指标层</th></tr>
<tr><td rowspan="32">化工行业循环经济指标体系</td><td rowspan="6">经济绩效</td><td colspan="2" rowspan="3">经营效果</td><td>净资产收益率</td></tr>
<tr><td>净利润现金流量比率</td></tr>
<tr><td>成本费用利用率</td></tr>
<tr><td colspan="2" rowspan="3">发展潜力</td><td>先进生产线使用比率</td></tr>
<tr><td>可持续增长率</td></tr>
<tr><td>绿色研发费用投入比率</td></tr>
<tr><td rowspan="4">社会绩效</td><td colspan="2" rowspan="2">社会责任</td><td>排放物或污染物引发的社会问题</td></tr>
<tr><td>社会保障事业</td></tr>
<tr><td colspan="2" rowspan="2">综合贡献</td><td>经济结构改善和增加社会就业效果</td></tr>
<tr><td>对当地科技进步的影响</td></tr>
<tr><td rowspan="22">环境绩效</td><td colspan="2" rowspan="5">生产工艺和设备要求</td><td>原料贮存及运输</td></tr>
<tr><td>事故性泄漏防范装置</td></tr>
<tr><td>事故、非正常生产状况应急</td></tr>
<tr><td>废液贮存</td></tr>
<tr><td>自动控制</td></tr>
<tr><td colspan="2" rowspan="3">资源能源利用指标</td><td>能耗（电/煤/油/气）</td></tr>
<tr><td>耗新鲜水量及水循环利用率</td></tr>
<tr><td>原材料消耗量</td></tr>
<tr><td rowspan="11">污染物控制指标</td><td rowspan="5">废水</td><td>耗氧有机物</td></tr>
<tr><td>油类污染物</td></tr>
<tr><td>热污染</td></tr>
<tr><td>固体污染物</td></tr>
<tr><td>富营养化污染</td></tr>
<tr><td rowspan="4">废气</td><td>颗粒物</td></tr>
<tr><td>硫化物</td></tr>
<tr><td>氮氧化物</td></tr>
<tr><td>烟尘</td></tr>
<tr><td rowspan="2">废渣</td><td>生产工序废渣</td></tr>
<tr><td>辅助工序废渣</td></tr>
<tr><td colspan="3">环境法律法规标准及环境审核</td></tr>
<tr><td colspan="2" rowspan="2">生产过程安全管理</td><td>生产设备的使用、维护、检修管理制度</td></tr>
<tr><td>生产工艺用水、电、汽、煤气管理</td></tr>
</table>

续表

准则层		方案层	指标层
化工行业循环经济指标体系	环境绩效	生产过程安全管理	原料用量及质量
			危险品及操作管理
			事故、非正常生产状况应急
			岗位培训
		环境管理	环保设施的运行管理
			污染源检测系统
		相关方环境管理	原辅料供应方、协作方、服务方
			有害废弃物转移的预防

但是，建材工业同时也是污染大户、耗能大户、消耗资源大户。由于自身技术落后，并受生产规模、产品结构的不合理等诸多因素影响，使建材工业的发展在很大程度上是以能源、资源的过度消耗和环境污染为代价。影响建材工业能耗居高不下的原因是多方面的，主要是工艺技术装备落后、产品结构不合理、企业平均规模过小、燃料结构影响、窑炉余热回收利用率低等。并且，建材工业从原料选取开采到产品烧成使用的各个环节，不同程度地存在各种环境污染，主要污染物是粉尘、烟尘和一氧化碳的排放。其中，水泥工业是能耗和污染排放的重点，例如，水泥工业耗煤占全国的10%左右，电耗比发达国家平均高出5%—10%，工业粉尘排放占全国排放总量的58%左右，二氧化硫排放占全国的5%。

建材工业行业多，产品繁杂，归口管理分三类：建筑材料，包括水泥、平板玻璃、建筑陶瓷、新型建筑材料、砖瓦、灰、砂、石等；非金属矿，包括石棉及其制品、石膏、石墨、云母、滑石、大理石、花岗石、金刚石等；无机非金属材料，包括玻璃纤维及玻璃制品等，共有130多种产品。建材工业生产工艺过程的共同特点是，物料处理量大，输运环节多，高温作业。本书着重研究水泥的污染产生和管理体系。

水泥生产过程简单地说是二磨一烧，或三磨一烧，即把天然原料经过破碎，烘干调配后，粉磨成生料；把生料放进回转窑或立窑中煅烧成熟料，烧成的熟料加进少量的石膏和混合材再通过磨机磨成的粉体称为水泥。水泥厂主要的污染源有粉尘、二氧化硫、二氧化碳以及氟化物等，其中以粉尘最为突出。粉尘排放主要有八类尘源点：水泥窑、冷却机、各种磨机、烘干机、包装系统、各种储库、各种输送设备、破碎机等。不过，相对化工、冶金产业的污染物治理来说，建材产业的污染物治理较为简单，废气主要有二氧化硫、氮氧化物、氟化物、一氧化碳及二氧化碳等。

水泥是建材行业循环经济指标体系的典型代表产业。按照制造产业链循环经济指标体系统一模型框架，结合水泥业污染物特点和目前常用考核方法：(1) 基于生产链的指标体系主要设置如表6-9所示。表中，考虑到了水泥产业由于可以大量消化其他高耗能产业的固体废弃物而对金属矿渣、非金属矿渣的采购和利用。在“三废”控制及再利用上，指标作了缩减，突出了水泥行业的粉尘治理以及低温位热的利用问题。(2) 基于综合绩效的循环经济指标体系，如表6-10所示。

表6-9　基于生产链的水泥产业循环经济指标体系

一级指标	二级指标	三级指标
能耗减量（A）	电耗减量	单位产品电耗降低 单位产值电耗降低
	综合能耗减量	单位产品能耗降低 单位产值能耗降低 单位产品煤耗降低
	余能利用	余热（低温位热）梯级利用率
物耗减量（B）	原料消耗减量	生产主料消耗降低 生产辅料消耗降低
	水耗减量	单位产品新鲜水耗
生产过程废弃物处理和回收（C）	废水处理和回收	氨氮含量达标排放率
		化学需氧量含量达标控制
	废气处理和回收	烟粉尘、二氧化硫达标排放二氧化硫回收利用率
	固体废弃物处理和回收	其他废渣安全堆存及无害化治理粉尘回收利用率
产品及包装物回收（D）	废料再利用	
绿色设计（E）	产品可拆卸设计	
	产品可回收设计	
原料生产及采购（F）	原料开采	采矿回采率
	原料提炼	主要非金属矿资源综合回收率
	原料采购	对金属矿渣、非金属矿渣的采购

表6-10　　　　基于综合绩效的水泥行业循环经济指标体系

	准则层	方案层	指标层
水泥行业循环经济指标体系	经济绩效	经营效果	产值增长
			利润增长
		发展潜力	矿产资源综合回收率
			水泥新产品开发
			对金属矿渣、非金属矿渣的消化能力提高
	环境绩效	污染控制	废水控制（氨氮、化学需氧量含量达标控制）
			废气控制（烟粉尘、二氧化硫达标排放）
			固体废弃物控制（其他产业废渣的安全堆存及无害化治理）
		物质减量	物耗（生产辅料消耗降低）
			能耗（单位产品能耗降低和单位产品电耗降低）
		废弃物再利用	废气利用（余热（低温位热）梯级利用或发电、二氧化硫回收利用率）
			废水利用（工业废水回用率）
			固体废弃物利用（粉尘回收利用率）
		基本清洁生产工艺和装备设置	各系统除尘设施
			余能回收装置
			自动化控制
	社会责任	综合贡献	对区域经济发展的贡献
			就业人数
			对其他高耗能产业发展的支持和协作
		社会责任	“三废”达标排放和无害化治理制度建设
			生态恢复（土地复垦）制度建设
			节能减排制度建设

第二节　中间产品产业循环经济指标体系研究

一　机电中间产品循环经济评价指标体系构建

机电产业是重要的制造产业，它为各行业的生产提供生产设备装置，是各行业有效实行循环经济发展的重要前提。机电产业的特点决定了机电产品的多样化，而机电中间产品更是种类繁杂。机电中间产品在加工工艺中很难避免会产生大量辐射、切屑、加工液、有害气体、强光、噪声等污染物，这些污染和刺激长时间会对人体造成严重损害，因此，对于制造工艺的绿色化以及污染物的回收利用和无害化处理尤为重要。

机电中间产品的废气主要包括设备运转时燃料的燃烧烟气、加工液挥发、焊接废气、涂料废气、酸性废气等。这些废气中含有硫氧化物、氮氧化物、重金属、碳氧化物、粉尘等污染物，具有刺激性和毒性，同时也具有一定的可燃性。若长期排放至大气中，不仅严重影响人类的身体健康，还容易引起火灾或爆炸事故造成人员伤亡。

为了在金属零件切削过程中起到润滑、防锈等作用，需要使用到大量的切削液、乳化油、清洗剂、除锈剂等加工液。而这些加工液中通常含有矿物油、磷、硫化物、氯化物等化学成分，其耗氧量高，若不经过相应处理则必定会对自然环境造成污染。此外，机电中间产品生产成型后需要进行涂装，而这一环节产生的废水也是最多的。涂装废水含有树脂、表面活性剂、重金属离子、油、磷酸盐、油漆、颜料、有机溶剂等污染物，其浓度高、成分复杂，故对涂装废水的综合处理是机电中间产品废水处理的关键。

机电产品生产废水主要为一般清洗废水、酸性清洗废水、碱性清洗废水、切割研磨废水、有机清洗废水、冷却废水、纯水制备废水等。主要污染物为 pH、化学需氧量、SS、氟化物、铜等。废水所含污染物的种类是多种多样的，按照处理程度不同，废水处理系统分为三级。一级处理主要解决悬浮固体、胶体、悬浮油类等污染物的分离，多采用物理法。二级处理主要解决可分解或氧化的呈胶状或溶解状的有机污染物的去除问题，多采用较为经济的生物化学处理法。二级处理是废水处理的主体，经过二级处理后，一般均可达到排放标准。三级处理属于深度处理方法，主要用于处理难以分解的有机物和溶液中的无机物等污染物，使处理后的水质达到工业用水和生活用水的标准。

切屑废渣产生于金属零件的切削加工过程中，其以两种形式存在，一种是成型的切屑，一种是呈粉状的切屑。粉状的切屑容易扩散在生产车间的空气中，若生产工人长时间在这种环境下工作，很有可能会引发其呼吸系统的疾病，严重的可能导致慢性中毒。

除了废气、废水、废渣以外的污染物，还有生产车间中多种机械、电子设备运作时产生的噪声和具有辐射的电磁波，以及在对零件进行焊接、焊割工艺时产生的强光。噪声和辐射是看不到摸不着的污染，所以很容易被人们所忽视。但长时间的噪声会损害人体的听觉系统，辐射会影响人体的免疫、生殖、循环和代谢系统，甚至会诱发癌症等。强光具有很强的刺激性，会对人体的视觉系统产生严重的影响，甚至导致失明。

按照制造产业链循环经济指标体系统一模型框架，结合机电中间产品产业及其污染物的特征和机电中间产品绿色发展的趋势，给出机电中间产品循环经济评价指标体系，如表 6－11 所示。

表 6－11　　基于生产链的机电中间产品循环经济评价指标体系

一级指标	二级指标	三级指标
能耗减量（A）	电耗减量	单位产品电耗降低
		单位产值电耗降低
	综合能耗减量	单位产品能耗降低
		单位产值能耗降低
物耗减量（B）	原料消耗减量	生产主料消耗降低
		生产辅料（切削液、乳化油、清洗剂、除锈剂等加工液）消耗降低
生产过程废弃物处理和回收（C）	废水处理和回收	工业废水回收利用率
		化学需氧量等含量达标排放
		切削液、乳化油等回收利用率
	废气处理和回收	烟尘、粉尘、挥发性气体达标排放
	固体废弃物处理和回收	切屑回收利用率
产品及包装物回收（D）	废料再利用	废旧中间产品回收再利用
		产品包装物回收再利用
绿色设计（E）	产品可拆卸设计	中间产品可拆卸设计比率
	产品可回收设计	中间产品可回收设计比率
原料生产及采购（F）	原料开采	
	原料提炼	
	原料采购	再制造材料利用率

二　石化中间产品循环经济评价指标体系

石化中间产品生产过程会产生对水、大气、土地等自然资源造成污染的废气、废水和废渣。这些污染物的产生通常是因为生产中原料转化、生产工艺用水、催化剂等残留以及生成副反应产物形成的，这些污染物通常都含有有害物质，若不进行回收利用或者无害化处理会对环境产生重大污染。

生产石化中间产品所需的锅炉、加热炉、火炬等装置在生产运作中会排出燃烧烟气、火炬废气、工艺废气，这些烟气和废气中含有烃类、一氧化碳、硫化物、氮氧化物等污染物。此外，部分药剂和溶剂具有挥发性，会向大气中散发恶臭气体和有害气体。石化中间产品生产中所排放的废气具有如下特点：

（1）产生光化学反应。石化中间产品废气中的烃类以及氮氧化物是发生光化学反应的敏感物质，当这些物质的浓度比例较大时，氮氧化物会吸收紫外线，导致污染物中的有机烃化合物与臭氧发生一系列化学反应，产生光化学烟雾，使得废气中的污染物毒性更大，形成二次污染。（2）具有刺激性和毒性。生产所需要的溶剂或药剂挥发、泄漏出的废气中含有硫化氢、氨等恶臭物质，若人们的生活环境长期受到恶臭污染，可能会使呼吸系统、生殖系统、消化系统等产生疾病，严重的可能导致死亡。

石化中间产品废水主要是生产中间产品的裂解炉、锅炉等生产装置所排出的含油、硫化物、氨氮化物、苯类、醇类、醚、有机磷、重金属等物质的污水。这些污水具有以下特点：

（1）需氧量高。由于石化中间产品废水中含有各种有机酸、醇、醛、醚和环氧物等，这些废水一经排入水体，就会在水中进一步氧化分解，从而消耗水中大量的溶解氧，直接威胁水中生物的生存。

（2）具有毒性。石化产品生产装置的种类繁多，故其排出废水的水质也复杂多样。其中氨氮废水、环氧氯丙烷废水等都具有较大毒性且难分解，若这些废水长时间排入自然水体，必定会对水体中的生物造成严重伤害。

石化中间产品废渣主要是由生产过程中的残留催化剂和副产物组成。废渣特点就是部分催化物中含有重金属成分，若直接填埋会对土壤造成污染，导致农作物所含重金属超标，进而影响人类身体健康。

按照制造产业链循环经济指标体系统一模型框架，结合石化中间产品产业及其污染物的特征和石化中间产品绿色发展的趋势，给出石化中间产品循环经济评价指标体系，如表6－12所示。

表 6－12　　基于生产链的石化中间产品循环经济评价指标体系

一级指标	二级指标	三级指标
能耗减量（A）	电耗减量	单位产品电耗降低
		单位产值电耗降低
	综合能耗减量	单位产品能耗降低
		单位产值能耗降低
	余能利用	余热（低温位热）梯级利用率
		余压梯级利用率
物耗减量（B）	原料消耗减量	生产主料消耗降低
		生产辅料消耗降低
	水耗减量	单位产品新鲜水耗
生产过程废弃物处理和回收（C）	废水处理和回收	氨氮、苯类、醇类、醚、有机磷、重金属、环氧氯丙烷等含量达标排放率
		化学需氧量及石油类含量达标控制
		工业水综合复用率
		化工废水回用率
	废气处理和回收	烃类、一氧化碳、硫化物、氮氧化物、硫化氢、氨等达标排放
		二氧化硫回收利用率
		一氧化碳回收利用率
	固体废弃物处理和回收	石化渣（残留催化剂和副产物）安全堆存及无害化治理
		其他废渣安全堆存及无害化治理
		石化渣回收利用率
产品及包装物回收（D）	废料再利用	废弃石化中间产品回收再利用
绿色设计（E）	产品可拆卸设计	
	产品可回收设计	
原料生产及采购（F）	原料开采	
	原料提炼	
	原料采购	废弃石化中间产品原料采购

三　基于综合绩效的中间产品循环经济指标体系

通过对机电，中间产品与石化中间产品共同特征的比较分析，给出基于综合绩效的中间产品循环经济指标体系，如表 6－13 所示。

表 6 - 13　　基于综合绩效的中间产品循环经济评价指标体系

	一级指标	二级指标	三级指标
中间产品循环经济评价指标体系	经济效益	经营效果指标	中间产品工业总产值
			中间产品成本费用利润率
		发展潜力指标	中间产品工业增长值
			循环经济技术研发投入额
	社会效益	社会责任指标	污染物排放控制对环境质量的改善
			执行国家鼓励发展技术
		综合贡献指标	生产环境友好产品
			对区域循环经济技术发展的贡献
	环境效益	污染物控制指标	废气排放及废气达标排放
			废水排放及废水达标排放
			固体废弃物排放及处置
		资源能源消耗指标	能耗
			物耗
		资源循环再利用指标	废气中有价元素的回收利用率
			废水利用率
			固体废弃物综合利用率
		环境管理指标	环境法律法规
			环境管理制度

第三节　终端消费型产业循环经济指标体系研究

终端消费型产业的循环经济研究一般都是基于生命周期来分析，该产业的生命周期流程如图 6 - 1 所示。该产业的生命周期始于材料的获取加工，经历制造、运输和使用及被淘汰过程。废旧产品可直接回收再利用（二手货），或经过拆卸、翻新可重用的零部件使其返回产品的制造过程；而对于无重用价值的部分进行材料回收使其返回材料再加工；还有一部分材料被分解，作为燃料回收能量或产生再生原材料用以进行材料加工；剩下的废弃物被处置后回到自然界而形成一个封闭的循环系统。

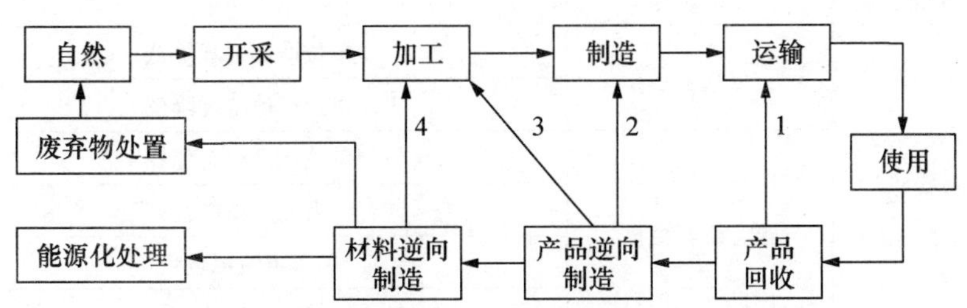

图 6－1　终端消费型产品生命周期流程

从图 6－1 可以看出，该种产品生命周期环境信息可分成三大部分：

第一部分是材料的变化过程，由自然资源经过开采得到原材料再经加工制造生产出产品，该过程主要以考虑材料的绿色特性和提高利用率、降低能源消耗和减少环境污染为目的。

第二部分围绕产品生命周期中所使用的各种机器设备（开采、制造、运输及回收处理设备），包括辅助材料消耗和机器设备损耗，以节能降耗、减少排放、缩短加工及处理时间为主要目的。

第三部分针对该类产品使用和回收处理过程，以降低能耗、减少身体健康危害、便于拆卸回收为目的。

由于终端消费型产品表现出来的生命复杂性，合理的范围界定是生命周期分析顺利进行的前提。从自然资源到原材料阶段，涉及矿产冶金等行业，该部分信息可通过材料的环境负荷特性值反映出来；产品报废后，部分零部件及过程废弃物可回收使用或经再制造后使用，或者燃烧后转化为其他能源，表现为多生命周期特征，这种特征通过产品可拆卸性、易回收处理、可燃烧等属性表示。

一　汽车产业循环经济指标体系构建

按照制造产业链循环经济指标体系统一模型框架，结合汽车产业及其“三废”排放的特征和绿色发展的趋势，给出基于生产链的汽车产业循环经济评价指标体系，如表 6－14 所示。

表 6 – 14　　基于生产链的汽车产业循环经济评价指标体系

一级指标	二级指标	三级指标
能耗减量（A）	电耗减量	单位产品电耗降低
		单位产值电耗降低
	综合能耗减量	单位产品综合能耗
		万元产值能耗
		单车组装耗电量
		绿色能源比率
物耗减量（B）	原料消耗减量	万元产值钢耗
		车辆一次检验合格率
		组装产生的废品减少率
生产过程废弃物处理和回收（C）	废水处理和回收	废油回收利用率
		废水循环利用率
	废气处理和回收	
	固体废弃物处理和回收	边角料利用率
产品及包装物回收（D）	废弃零部件再利用	零部件回收利用率
		轮胎回收利用率
		零部件再制造率
绿色设计（E）	产品可拆卸设计	产品可拆卸设计比率
		模块化拆解比率
		机械化拆解比率
	产品可回收设计	产品可升级利用率
原料生产及采购（F）	原料开采	
	原料提炼	
	原料采购	可再生材料占比
		环境友好产品采购

二　家电产业循环经济指标体系构建

按照制造产业链循环经济指标体系统一模型框架，结合家电产业及其“三废”排放的特征和绿色发展的趋势，给出基于生产链的家电产业循环经济评价指标体系，如表 6 – 15 所示。

表 6－15　　　基于生产链的家电产业循环经济评价指标体系

<table>
<tr><th>一级指标</th><th>二级指标</th><th>三级指标</th></tr>
<tr><td rowspan="5">能耗减量（A）</td><td rowspan="2">电耗减量</td><td>单位产品电耗降低</td></tr>
<tr><td>单位产值电耗降低</td></tr>
<tr><td rowspan="3">综合能耗减量</td><td>单位产品综合能耗</td></tr>
<tr><td>万元产值能耗</td></tr>
<tr><td>单机组装耗电量</td></tr>
<tr><td rowspan="2">物耗减量（B）</td><td rowspan="2">原料消耗减量</td><td>材料利用率</td></tr>
<tr><td>组装产生的废品减少率</td></tr>
<tr><td rowspan="4">生产过程废弃物处理和回收（C）</td><td rowspan="2">废水处理和回收</td><td>废水（化学需氧量、重金属等）达标排放率</td></tr>
<tr><td>废水循环利用率</td></tr>
<tr><td>废气处理和回收</td><td>废气达标排放率</td></tr>
<tr><td>固体废弃物处理和回收</td><td>废弃材料回收率</td></tr>
<tr><td rowspan="2">产品及包装物回收（D）</td><td rowspan="2">废弃零部件再利用</td><td>零部件回收利用率</td></tr>
<tr><td>零部件再制造率</td></tr>
<tr><td rowspan="4">绿色设计（E）</td><td rowspan="3">产品可拆卸设计</td><td>产品可拆卸设计比率</td></tr>
<tr><td>模块化拆解比率</td></tr>
<tr><td>机械化拆解比率</td></tr>
<tr><td>产品可回收设计</td><td>产品可升级利用率</td></tr>
<tr><td rowspan="4">原料生产及采购（F）</td><td>原料开采</td><td></td></tr>
<tr><td>原料提炼</td><td></td></tr>
<tr><td rowspan="2">原料采购</td><td>可再生材料占比</td></tr>
<tr><td>环境友好产品采购</td></tr>
</table>

三　基于综合绩效的终端消费型产业循环经济指标体系

通过对以汽车产业与家电产业为代表的终端消费型产业的共同特征的归纳分析，给出基于综合绩效的终端消费型循环经济指标体系，如表 6－16 所示。

表 6－16 基于综合绩效的终端消费型产业循环经济评价指标体系

	一级指标	二级指标	三级指标
中间产品循环经济评价指标体系	经济效益	经营效果指标	终端消费产品销售额
			终端消费产品销售利润率
			终端消费产品成本费用利润率
		发展潜力指标	终端消费产品销售增长率
			节能产品占有比例
			循环经济技术研发投入额
	社会效益	社会责任指标	污染物（汽车尾气、制冷产品污染排放等）排放控制对环境质量的改善
			废旧产品回收利用目标
			可拆卸设计产品占比
			执行国家鼓励发展技术
		综合贡献指标	生产环境友好产品和节能产品
			就业对当地区域经济的贡献
			对区域循环经济技术发展的贡献
	环境效益	污染物控制指标	生产过程废气排放及废气达标排放
			生产废水/废油达标排放
			生产固体废弃物排放及处置
		资源能源消耗指标	能耗水平
			单位产品物耗
		资源循环再利用指标	废品率
			废旧产品回收利用率
			材料利用率
			零部件、轮胎回收利用率
			零部件再制造率
			废油/废水利用率
			边角料综合利用率
		环境管理指标	环境管理制度建设
			作为核心企业对产业链产品的绿色采购
			可再生材料占比

第七章　制造业产业链下的循环经济指标体系变权模型和演变路径研究

第一节　制造业产业链下的循环经济指标体系变权模型

一　变权设置的必要性

在制造业产业链循环经济指标体系统一模型指导下，制造业产业链分产业的循环经济指标体系分别建立起来，这个循环经济指标体系系列的一级指标组成是一致的，但二级组成指标数量和名称是不同的。也就是说，一级指标组成的权重在各指标体系中是不同的，而且存在着同类指标的权重沿制造业产业链发生变化的环境管理传递问题。例如，能耗指标和污染排放指标的权重在上游产业中所占权重较大，沿制造产业链逐渐变小，到下游产业时所占权重最小；反之，废旧产品或包装物回收指标的权重在上游产业中所占权重较小，沿制造产业链逐渐变大，到下游产业时所占权重最大。

梅绍组（1996）指出，指标（准则）的权重一般以“常权”处理，而实际决策过程中，随着时空的变化，每个指标的权重都会发生变化。在评判过程中，由于决策目标或评价对象发生变化，需要对指标的权重进行适当的调整，以适应不同决策的要求。通过权重变化来沿着制造业产业链传递环境管理要求就是一亟待解决的问题。因此，在统一的制造业产业链循环经济指标体系统一模型中，变权模型的设置和研究就显得非常有必要，这是研究制造业产业链循环经济指标体系统一模型中不可或缺的一个方面。

二　变权研究文献综述

（一）变权相关概念研究

汪培庄、李洪兴（1996）提出了变权思想，并给出了一个变权经验公式，指出变权的目的是根据因素状态之间的均衡水平调整各因素在综合决策中的作用。彭补拙等（1996）针对环境综合质量评价问题提出了变权思想，根据不同时期各因子的变化设计了权调试模型。李洪兴（1995）提出了变权综合决策模型，给出了变权向量和状态变权向量的公理化定义，引入了惩罚型、激励型和混合型状态变权向量概念，指出状态变权向量的主要功能是根据因素状态值的变化调节各因素权重，从而使因素的权重能更好反映相应因素在决策中的作用。李洪兴（1996a）通过构造均衡函数来获得状态变权向量，或者直接利用状态向量的均值构造状态变权向量（李德清、李洪兴，2002），其他一些构造状态变权向量的方法也得到了研究（朱勇珍、李洪兴等，1999；张锦春等，2007；刘文奇，1997）。李德清、李洪兴（2004）进一步引入状态变权向量调节度和标准调节度以及调权水平的概念。万星火等（2008）利用随机变量的信息熵理论提出了一种新的综合评价赋权数的方法。

（二）变权相关概念的应用

张剑湖（1999）基于变权理论提出了一种综合决策方法，建立了多层次多目标变权综合决策的数学模型。李春好、孙永河等（2010）提出了变权层次分析法。陈永权等（2006）、张晓翠等（2007）通过构造状态变权向量分别对电网企业信息化水平和供应商进行了变权综合评价，得到满意的评价决策结果。梅劲（2008）将主观赋权与客观赋权相结合的可变权重法的评价方法，对 ERP 企业的财务绩效和非财务绩效指标进行设置。温素彬（2010）基于可持续发展视角，构建企业三重绩效（经济绩效、生态绩效和社会绩效）层次变权综合评价模型，以期对三重绩效进行均衡化处理，给生态绩效和社会绩效以激励，使绩效评价更具有全面性、科学性和决策相关性。侯海军等（2011）对社会和谐度量化评价的变权数学模型进行了研究。钟昌宝（2012）将可拓理论与变权理论结合，建立了一种供应链风险水平评价方法——变权可拓物元法。

三 制造业产业链下的循环经济指标体系变权模型研究

（一）权重变量设置思路

该问题拟通过表 7 - 1 中的权重变量设置来加以考量。例如，上游产业中，能耗、物耗、生产过程废弃物处理和回收部分所占比重较大，其相应的权重变量值就较大；中下游产业的产品及包装物回收、产品绿色设计等部分所占比重较大，则其相应的权重变量值就大；静脉产业是专门从事废弃物回收（采购）、拆解、分拣、转运等职能的产业，产品及包装物回收部分所占比重较大，其他还涉及电耗、水耗、“三废”排放及处理、废弃物原料采购等部分。

设权重变量分别为：$W(X)=W(W_1(X), W_2(X), \cdots, W_n(X))$，$n$ 为指标组成数量，则在某一产业指标体系中，$W_i(X)\neq 0$，若 $W_i(X)$ 为指标体系的组成部分；$W_i(X)=0$，若 $W_i(X)$ 不为指标体系的组成部分；$W_i(X)$ 越大，若 $W_i(X)$ 对指标体系的贡献度或影响度越大；$W_i(X)$ 越小，若 W_i 对指标体系的贡献度或影响度越小。即 $W_i(X)$ 的权重值在不同的指标体系中并不相同，可以通过 $W_i(X)$ 的权重值大小反映其在制造业产业链（上游、中游、下游、静脉产业）中的环境管理程度以及传递情况。例如，能耗指标 $A(X)$、物耗指标 $B(X)$ 在上游产业中所占比重较大，在中游产业与下游产业中所占比重则逐渐减小；生产过程废弃物处理和回收指标 $C(X)$ 在上、中、下游产业中均占有重要地位；产品及包装物回收指标 $D(X)$ 在静脉产业中所占比重较大，在下游产业具有较大潜力；绿色设计指标 $E(X)$ 目前只在下游产业中得到考量，未来势必在中游产业与上游产业中逐渐得到重视；指标 $F(X)$ 中，原料生产是上游产业的主要职能，原料采购是联系各大产业门类的主要渠道，通过环境友好产品采购可以起到传递统一的环境管理要求的目的，应加以高度重视。每个产业指标体系的权重和为1，即 $\sum W_i(X)=1$，$(i=1, \cdots, n)$。在表 7 - 1 中，一级指标的权重分别为：$W_A=W_1+W_2+W_3$，$W_B=W_4+W_5$，$W_C=W_6+W_7+W_8+W_9$，$W_D=W_{10}+W_{11}+W_{12}+W_{13}$，$W_E=W_{14}+W_{15}$，$W_F=W_{16}+W_{17}+W_{18}$。即一级指标的指标组成不同。

（二）权重变量模型

设制造业产业链循环经济指标体系的一级评价指标组成数量为 n，一级指标的组成指标（二级指标）数量为 m。考虑到不同指标体系的指标数量以及每一个指标体系一级指标的组成数量不尽相同，即各指标的权重以及出现的概率不同、所蕴含的信息量不同，这里运用熵数系数法与局部变权方法的结合来建立一权重变量模型。

按照姚炳学、李洪学（2000）的局部变权方法，设指标的变权向量 $W_j(X)$ 为指标的常权向量 W_j 与状态变权向量 $S_j(X)$ 的 Hadamard 乘积，即 $W_j(X)=W_jS_j(X)/[\sum W_jS_j(X)]$，其中，$j=1, \cdots, n$。按照系统的熵定义，状态变权向量（信息熵）$S_j(X)=-k\sum P_j\times \ln P_j$，$P_j$ 为概率。当概率全

部相等时，信息熵为最大值 $k\ln n$，为使 $1 \leqslant S_j(X) \leqslant 0$，取 $k = 1/\ln n$。常权向量 W_j 则可由专家法或层次分析法来给出。

本书，由于不同产业的具体指标组成不同，但一级指标组成设置是相同的。故针对一级指标来看，$W_{ij}(X) = W_{ij}S_{ij}(X)/[\sum W_{ij}S_{ij}(X)]$，其中，$i$（一级指标）$=A$，…，$F$；$j$（二级指标）$=1$，…，$m$。

设一级指标中第 i 项指标的熵值 $S_i(X) = -1/\ln n \times \sum(P_{ij} \times \ln P_{ij})$，$i = A$，…，$F$，$j = 1$，…，$m$，则该项指标的信息权重 $S'_i(X) = [1 - S_i(X)]/\sum[1 - S_i(X)]$，从而得到修正后的指标权重系数 $W_i(X) = W_iS'_i(X)/[\sum W_iS'_i(X)]$。

（三）案例应用

下面以钢铁产业和汽车产业循环经济指标体系中的权重设置为例应用上述模型。其中，钢铁产业是上游产业的代表性产业，汽车产业是下游产业的代表性产业。

1. 钢铁产业循环经济指标体系构建

根据钢铁产业的流程和特点，以及上述的制造业产业链统一的循环经济指标体系框架模型，参考相关文献和资料，给出钢铁产业循环经济指标体系如表 7-1 的左列所示。

2. 汽车产业循环经济指标体系构建

根据汽车产业的流程和特点，以及上述的制造业产业链循环经济指标体系统一框架模型，参考相关文献和资料，给出汽车产业循环经济指标体系，如表 7-1 的右列所示。

表 7-1　钢铁与汽车产业循环经济指标体系统一模型案例研究

钢铁产业链循环经济指标体系				汽车产业链循环经济指标体系			
一级指标	二级指标	常权向量 W_j	变权向量 $S_j(X)$	一级指标	二级指标	常权向量 W_j	变权向量 $S_j(X)$
能耗（A_1）权重 $WA_1=0.215$	铁精矿生产综合能耗 吨钢综合能耗 万元产值能耗 余热回收利用率余压回收利用率	0.25	0.2	能耗（A_2）权重 $WA_2=0.180$	单位产品综合能耗 万元产值能耗 单车组装耗电量绿色能源比率	0.15	0.21

续表

钢铁产业链循环经济指标体系				汽车产业链循环经济指标体系			
一级指标	二级指标	常权向量 W_j	变权向量 $S_j(X)$	一级指标	二级指标	常权向量 W_j	变权向量 $S_j(X)$
物耗（B_1）权重 $WB_1=0.215$	铁精矿生产水耗吨钢耗新水 高炉喷煤量 转炉金属料消耗量 高炉综合焦比	0.25	0.2	物耗（B_2）权重 $WB_2=0.134$	万元产值钢耗 车辆一次检验合格率 组装产生的废品减少率	0.15	0.158
生产过程废弃物处理和回收（C_1）权重 $WC_1=0.430$	吨产品外排废水量 吨产品外排废气量 吨产品固体废弃物排放量 吨固体废弃物油排放量 煤气回收利用率尾矿利用率 工业水复用率 冶炼废渣回收利用率 含铁尘泥回收利用率 粉煤灰回收利用率	0.25	0.4	生产过程废弃物处理和回收（C_2）权重 $WC_2=0.224$	边角料利用率 废油回收利用率废水循环利用率	0.25	0.158
产品及包装物回收（D_1）权重 $WD_1=0.008$	废钢铁回收利用率	0.05	0.04	产品及包装物回收（D_2）权重 $WD_2=0.134$	零部件回收利用率 轮胎回收利用率零部件再制造率	0.15	0.158

续表

钢铁产业链循环经济指标体系				汽车产业链循环经济指标体系			
一级指标	二级指标	常权向量 W_j	变权向量 $S_j(X)$	一级指标	二级指标	常权向量 W_j	变权向量 $S_j(X)$
绿色设计（E_1）权重 $WE_1=0$		0	0	绿色设计（E_2）权重 $WE_2=0.229$	产品可拆卸设计比率 模块化拆解比率 机械化拆解比率 产品可升级利用率	0.25	0.21
原料生产及采购（F_1）权重 $WF_1=0.132$	采矿回采率 选矿铁回收率 可选铁矿最低品位铁精矿品位	0.20	0.16	原料生产及采购（F_2）权重 $WF_2=0.028$	可再生材料占比环境友好产品采购	0.05	0.105

3. 钢铁产业与汽车产业循环经济指标体系权重测算及比较分析

在表 7－1 中，常权向量 W_j 由专家法给出，变权向量 $S_j(X)$ 由信息熵法给出。在变权向量 $S_j(X)$ 计算中，为简化计算，假设各指标出现的概率相同，即各指标所包含的信息熵是相等的，这样一级指标信息熵就等于一级指标组成数量与指标体系的指标总量之比。根据常权向量 W_j 与变权向量 $S_j(X)$ 的 Hadamard 乘积，并经过归一化处理，得出各一级指标的修正权重，如表 7－1 所示。比较钢铁产业与汽车产业循环经济指标体系中一级指标权重值可看到，$W_{A1}>W_{A2}$，$W_{B1}>W_{B2}$，$W_{C1}>W_{C2}$，$W_{D1}<W_{D2}$，$W_{E1}<W_{E2}$，$W_{F1}>W_{F2}$。这与制造业产业链循环经济指标体系统一模型中上下游权重变量的量度判断是一致的，即钢铁产业生产过程中，能耗、物耗、废弃物处理及回收、原料生产及采购指标权重比汽车产业要大，而产品及包装物、绿色设计指标权重比汽车产业要小。这说明，钢铁产业的循环经济建设重点是降低能耗、物耗，加强生产过程废弃物处理及回收、提高原料生产及采购的环境友好程度；汽车产业的循环经济建设重点是延伸生产者责任，加强废旧产品及包装物的回收力度以及再制造水平，提高绿色设计水平。

案例表明，这一种制造业产业链循环经济指标体系统一模型的构建是合理的，通过权重变量的设置可以在一定程度上反映和实现沿制造业产业链传递绿色供应链管理的思想。

第二节　制造业产业链下的循环经济指标体系演变路径研究

制造业产业链的循环经济指标体系研究历史不长，无论是资源型产业的循环经济指标体系研究，还是绿色制造或绿色产品评价指标体系的研究，历时不过十来年。应该说，随着循环经济受到越来越广泛和深入的重视和实践，对指标体系的研究也越来越深入。不过，从产业链的视角来对制造业产业链的循环经济指标体系进行统一和系统的研究基本上还处于非常薄弱的状态。对其演变路径的思考，本书认为，第一，应从制造业产业链相互联系的观点，系统思考制造业产业链循环经济的协同创新路径；第二，鉴于制造业产业链的上、中、下游产业的不同特点，也应该兼顾各异的循环经济发展路径。而循环经济指标体系的构成和演变是评判循环经济发展路径演变的具体体现。

一　制造业产业链循环经济协同创新路径

制造业产业链循环经济指标体系的统一客观要求产业链中各企业之间进行协同创新，或者说制造产业链循环经济发展中的协同创新问题是实现制造产业链循环经济协同发展目标以及构建统一的循环经济指标体系的关键问题。近年来，随着对协同理论应用的重视，将其引入创新过程或创新管理研究逐渐受到了学术界甚至政府界的关注。协同的实质在于强调事物或系统在发展过程中其内部各要素或各子系统之间的相互支持、相互配合，以形成具有统一性、整体性的集成系统。这一领域目前还是学术研究的一薄弱环节，因此，这里对制造产业链循环经济发展中的协同创新进行初步研究。

（一）协同创新的概念

目前，我国学者对协同创新领域的研究日益增多，但理论界对其定义还未达成共识。从产业链角度，本书认为，协同创新是指企业为了适应新的市场环境，由企业内部创新转变为多个企业间合作创新的一种形式，它以合作各方的共同利益为基础，将企业的供应商、经销商、战略合作伙伴以及终端用户紧密地联系起来，进行有效沟通，合理分工，实现资源优势互补，从而产生有效的整体协同效应。

（二）协同创新文献综述

1. 在企业内部协同创新研究方面

王方瑞（2003）基于对技术创新和市场创新的研究分析，以西湖电子和宝钢集团为例进行分析提炼，提出了协同创新管理的机制模型和实施建议。贾生华、邬爱其、疏礼兵（2005）针对民营企业提出了其制度创新、技术创新、管理创新的三维协同创新思想，并论证了民营企业的创新发展模式。饶扬德（2008）阐释了基于市场、技术、管理的三维协同创新机制的内涵、效能、结构与内容，提出了企业在构建该机制中应注意的问题。白俊红、陈玉和、李婧（2008）基于协同学理论，分析了企业内部创新协同机制，并对其影响要素进行了定量分析，指出战略、技术、组织、文化和制度五个因素对协同创新绩效的显著影响。陈劲、谢芳、贾丽娜（2006）通过构建企业集团内部协同创新模型，对企业集团内部协同创新机理进行分析，采取数据分析方法，研究了企业集团内部协同创新的影响因素、协同创新效应以及与创新绩效的相关关系，提出了如何提高我国企业集团内部协同创新管理水平的建议。郑刚、朱凌、金珺（2008）依据各创新要素全面协同的概念，提出了五阶段全面协同过程模型，以海尔集团为例对模型进行了验证。

2. 企业间协同创新研究方面

张旭梅、张巍等（2008）提出了供应链企业基于产品生命周期协同创新的内涵和运作过程，针对企业间实现协同创新所存在的问题，提出了实施策略。张哲（2008）结合产业集群理论、协同学理论以及技术创新理论等，对产业集群内企业协同创新的动力系统、博弈分析和绩效评价与协同度评价进行了综合研究。张波（2010）分析了影响我国中小企业创新的主要原因，提出中小企业协同创新的主要模式。

从以上综述可知，目前我国对企业内部的协同创新研究较多，属于微观层面；对于产业链企业间的协同创新，即中观层面上的协同创新研究较少；而对于产业链循环经济发展协同创新的研究鲜见发表。随着科技与经济的深度结合，保持经济可持续发展的动力源泉已经由资源依赖转向了自主创新，由单纯的企业治理转向了产业链的集群发展。基于我国正在大力开展循环经济建设以及制造业所存在的劳动效率低、产业链条长、协同创新弱的特点，本节对制造产业链在循环经济发展中的协同创新问题及其对策进行了分析和思考，以宝钢集团为例进行了案例分析。

（三）制造产业链循环经济发展中面临的协同创新问题

1. 创新意识协同问题

在产业链中，上下游企业间客观上存在着创新意识的差异性或者不协同性，即不同企业对创新重要性的认识程度参差不齐，影响到了整个产业链协同创新的集成效应，势必也影响到产业链循环经济协同发展效应。

2. 技术协同创新问题

制造业产业链的循环经济技术包括清洁生产技术、污染治理技术、废弃物回收和再循环技术、环境监测技术、预防污染工艺技术、资源重复利用和替代技术、能源综合利用技术等。技术协同创新问题表现在两个方面，一是在发展循环经济的初期，企业绿色技术创新能力一般较弱，主要依靠技术引进和技术模仿来实现企业的技术进步，由于技术壁垒，技术引进成本较高，技术模仿空间非常有限，导致企业技术创新程度和能力的不协同；二是产业链的关联性对企业的循环经济技术创新协同运行是客观要求，单个企业循环经济技术的突破还不能有效改善整个产业链循环经济的协同发展状况，它要求相关配套技术的协同创新才能充分发挥集成效应。

3. 创新协同投入问题

第一，经费协同投入。技术协同创新的重要条件之一是技术研发经费的协同投入，但受到很多因素的影响，如金融扶持力度、风险投资、创新意识、机制建设等。

第二，人力协同投入。创新协同投入的另一保障是人力资本的协同投入，如均衡的企业科技人员比重、培养高层次技术人才、构建专业人才体系等。

4. 制度建设协同问题

制度建设协同即是建设配套、完善的制度体系。我国虽然已颁布了《循环经济促进法》，但配套制度建设仍不配套和完善。需要从以下三个方面来加以解决。

第一，合作机制的不完善。以产学研相结合为例，企业、高校和科研院所三个主体之间尚缺乏有效的协调管理制度和机制，管理机构、管理程序、管理制度和政策等都不尽完善，导致相互间难以沟通和协同，最终出现难以实现集成效应的窘境。

第二，创新激励机制的不健全。我国制造业中既有国有企业，也有大量的民营企业、私有企业，不同类型的企业创新激励机制是有差异的，需要建立配套、健全的机制来实现统一的、协同的创新能力要求。

第三，科技创新政策落实得不到位。目前，尽管我国初步形成了人才激励、研究开发、成果转化和知识产权保护等科技创新政策法规体系，但是科技创新政策的落实仍然不够到位，金融机构和风险投资机构的支撑保障作用不够有力，影响了产业链循环经济发展进程。

（四）协同创新对制造产业链循环经济发展的促进作用

在循环经济发展的环境下，制造产业链上的协同创新可以充分利用产业链上企业的内外部创新资源和创新服务系统，形成产业链企业之间，企业家、科技人员与政府之间相互促进，以提高企业自身创新能力和促进产业链技术创新发展，实现整条产业链在减量化、再利用、再循环的前提下协同发展。协同创新对制造产业链循环经济发展的促进作用主要表现为如下几个方面。

1. 提高企业创新意识，促进企业间的协同创新发展

针对产业链上企业创新意识层次不一现象，产业链企业间的协同创新发展可以通过具有较高创新意识的企业来激发其他企业的创新潜能，使整条产业链的创新意识达到同等水平，以推动和优化产业链上创新要素的组合和集成，促进产业链创新能力的协调发展。

2. 促进企业间技术创新的互动

随着制造业对清洁生产、废弃物再生利用等循环经济技术创新的要求日益增高，新技术的研发不断复杂化，产业链协同创新可以解决这一背景给单个企业带来的创新困难。协同创新可以促进产业链配套技术的发展，在企业间进行知识交换，有利于产业链技术体系的形成。此外，产业链中某些企业可能会存在创新能力闲置或者创新资源相对剩余的状况，协同创新可以将各企业的创新能力和资源整合运用，实现资源互补，产生协同效应来实现整体创新能力的提高。

3. 降低产品创新风险和成本，缩短产品创新周期，节约能源资源

产业链协同创新缩短了信息反馈时间，加快了知识传播速度，有助于

减少创新的不确定性，加快创新成功速度。并且，产业链的上下游企业可以通过创新成功的激励动力来提高产品创新中产品设计研发、设备与工艺开发、技术研发等其他方面的速度，使得企业能更快地适应市场需求的变化。

（五）制造产业链循环经济发展协同创新路径

产业链企业间的循环经济协同创新是一项复杂的工作，涉及多方面的协调配合，必须在战略目标、创新平台、激励机制、组织结构、绩效评价等方面制定相应的实施策略，才能够确保协同创新的顺利实施。

1. 确立以协同创新为中心的战略目标

要在产业链上实施协同创新，各企业必须以协同创新为中心，以提高整个产业链的循环经济综合效益为战略目标，并依据这个目标来指导各企业的绿色技术创新和管理创新活动，共创企业绿色创新文化。只有当产业链中所有企业都朝这一战略目标发展时，才能使所有企业都以产业链综合效益最大化为统一目标，避免因争夺各自利益而损害产业链整体利益现象的发生，使产业链上所有企业都从协同创新中获得长远利益。

2. 构建高效的循环经济发展协同创新平台

构建高效的协同创新平台是进行协同创新的基础，这对新形势下的企业循环经济发展要求尤其重要。在平台上可以运用先进的信息技术连接整个产业链，实现整条链上的信息共享和实时传递，运用各种软件来协助企业进行协同创新，并且可以将各企业人员的创新想法进行实时共享和共同研讨。高效的协同创新平台能够消除信息不对称、传递失真和反馈延迟等现象，便于企业间更好地交流与协作，从而使得协同创新工作流程更加顺畅。

3. 提高企业自身学习和研发能力，成立跨企业的协同创新工作团队

提高产业链企业自身的学习和研发能力可以促进产业链循环经济协同创新战略更好地实施。企业的自学习和研发能力越强，从协同创新中能够获得的收益就越大，参与协同创新的动力就越强。因此，企业应该不断加快技术知识的积累，提高技术知识的使用率，对创新型人才的培养予以足够重视，以提高自学习和研发能力。

进一步来看，条件具备时有必要成立跨企业的协同创新工作团队。使得在协同创新的不同阶段，工作团队能够在协同创新平台上更加有效地开展原材料、零部件、新产品、市场计划和需求等方面的协同创新活动，并

根据不同阶段的创新需求对团队的工作人员进行适当的更替，保障协同创新活动的顺利实施。

4. 建立完善的激励机制和协调机制

产业链协同创新涉及多个利益主体，要求知识、技术和工艺过程的高度集成化和协同化。因此，首先要具体分析各企业的利益要求，设计适应于各种企业的配套的、完善的激励机制体系，以及协同创新收益的合理分配机制。此外，还应建立约束机制，将在协同创新中表现差、效率低、贡献小的企业淘汰出局，以提高产业链整体协同创新的积极性和活力。

产业链企业对于利益难免有着不同的考量，来自不同企业的合作人员也难免有着不同的思维方式和工作习惯，故在协同创新过程中还是会存在一些分歧和冲突，影响协同方案的确定，阻碍协同创新的顺利进行。因此，有必要在企业间建立起一个有效的协调机制。例如，专门成立一个协同创新协调工作小组来协调创新过程中产生的各种问题，保证企业间协同创新活动的顺利推进。

5. 建立科学的协同创新绩效评价体系

科学的协同创新绩效评价体系能够很好反映产业链上成员企业在协同创新过程的创新能力和贡献大小。对企业协同创新绩效进行评价，不仅为共同创新成果分配提供主要依据，保证成果的合理分配，也为改进协同创新实施过程提供参考指标，对协同创新的持续发展具有一定指导作用。

（六）宝钢集团产业链协同创新案例分析

宝钢集团兴建于 1978 年，1985 年投产，总部位于上海。2000 年创立了宝山钢铁股份有限公司，之后又分别与新疆八一钢厂、广钢、韶钢、杭州钢铁集团公司进行重组，形成了跨区域的大型企业集团，内部机构、子公司、联盟企业众多。目前，宝钢规模已居全球钢铁企业第三位。宝钢以钢铁业为主业，主业产业链较长，从矿山到生产广泛应用于汽车、家电、石油化工、机械制造等行业的钢铁精品，已形成普碳钢、不锈钢和特钢三大产品系列；并大力拓展了与主业配套的其他产业，如物流业、煤化工业、工程技术服务业和金融投资业，形成五大业务板块。从制造产业链来看，宝钢主要处于制造业的上、中游，与下游的汽车、家电等行业发展密切相关，同时，以宝钢为核心的产业链属于重化工业，是循环经济建设和发展的重点企业集群。显然，宝钢是研究制造产业链循环经济协同创新的典型对象。

1. 宝钢作为供应商的“先期介入”协同创新模式

作为下游各汽车、家电制造企业的供应商，宝钢深刻意识到，只有最大限度地重视且满足用户需求，才能最大限度地拓展市场；只有与客户达到协同状态，才能最快、最直接地满足客户需求；只有与客户合作创新，才能最大程度地减少产品开发成本和风险，提高产品创新的灵活性。

在下游汽车制造商新产品的开发初期，宝钢集团的用户技术研究中心便开展“先期介入”工作，将本属于售后服务的工作内容转变为售前服务，建立起与用户协同的产品创新链，以最大程度满足用户新产品研发需要。同时，参与到制造商新车型的设计、制造和选材、零件模具的调模试冲、工艺参数制定等工作中，根据制造商的各类需求，加快自身新产品的开发、生产。例如，一汽大众公司生产的CA1092系列载重车，一直有着重量重、成本高、油耗多等缺点，在用户进行选材优化时，宝钢与该公司联合攻关，不仅降低了材料消耗和汽车重量，还达到了减少油耗和废气排放的循环经济发展要求。又如，新飞冰箱制造商在使用宝钢钢板的过程中一直有着涂装效果不佳的困扰，宝钢集团用户技术研究中心通过现场试验和实验室分析、模拟试验研究，找出了症结，并帮助制造商对磷化工艺进行了调整，解决了宝钢钢板用于新飞冰箱侧板的磷化问题，使其质量水平获得了突破性的进展。小天鹅洗衣机制造商也有着宝钢电镀锌板的涂装问题，宝钢对所存在问题的电镀锌板进行了模拟试验分析，帮助小天鹅调整其处理工艺来改善预处理质量，使得问题锌板数量减少到10%以下；同时，宝钢通过质量研究还附带解决了该产品的其他问题，并对该产品的使用提出了相关建议，实现了企业间的协同发展。

2. 宝钢作为制造商的“联动反应”协同创新模式

宝钢集团是我国最具竞争力的钢铁联合企业，在创新过程中集团内部各企业部门间的协同也在很大程度上影响着集团的创新能力。作为钢铁行业的核心制造商，宝钢集团内部形成了“联动反应”的协同创新模式，主要包括以下几个方面：

（1）冶金方面。宝钢始终坚持在冶金工艺、装备自主化等方面的探索和实践，经历了“成套引进—点菜式引进—自主集成—自主创新”四个阶段。

从产品设计、生产工艺、工厂设计到设备供应主要依靠国外厂商，到逐渐加大装备的国产化比例，推进合作制造；采用点菜式引进，扩大合作制造和分交比例；再到部分项目实现由宝钢自主承担设计、制造和质量保证。宝钢在三十多年的工程建设过程中，积累了大型冶金工厂建设的经验，形成由宝钢股份、宝钢工程、宝信软件、宝菱重工、一重等组成的联合攻关团队，团队内部开展紧密合作，不断提升技术创新能力，研发范围涵盖产品大纲、工艺方案、装备设计、制造、调试以及功能考核、产品验证的全过程。

在团队合作下，宝钢在引进、消化、吸收、再创新基础上，形成了酸轧机组、热镀（铝）锌机组、硅钢机组、彩涂机组、国内第一条不锈钢与碳钢混轧的五机架冷连轧机组；宝钢在铁水预处理、RH/LF 精炼、滚筒法渣处理、全氢罩式退火炉、在线标记装置、在线表面检测等装备技术方面已经形成系列化产品，并已成功实现对外输出。同时，宝钢积极响应国家节能减排政策，践行环境经营方针，形成了炼钢及冷轧的除尘、废水处理、烧结烟气脱硫、高炉及 COREX 炉水渣立磨装备技术等节能环保特色技术。

（2）钢结构产业方面。鉴于钢铁企业“高产能、高成本、低利润”特点，以及钢结构“自重轻、节能环保好”的优势，钢结构产业逐步成为钢铁企业拓展经营方向、转变发展方式、提高综合效益的有效途径。

目前，宝钢集团旗下的上海宝钢建筑工程设计研究院、宝钢钢构有限公司、上海大通钢结构有限公司、上海宝成钢结构建筑有限公司，和上海宝产轻型房屋有限公司、上海宝产三和门业有限公司这两家建筑配套企业进行资源整合、协同合作，以技术创新为依托，定位钢结构高端产品，构建出了相对较为完整的钢结构产业体系，形成了多个系列产品结构，并参与建设了较多钢结构建筑，如中央电视台新台址主楼、上海 Fl 国际赛车场、上海东方明珠、广州新白云国际机场、广州国际会展中心、上海世博会世博中心、美国洛杉矶升降机、英国温布利大球场、日本相马电厂等。

通过钢结构产业的发展，宝钢已形成了“建筑结构用钢 + 钢结构加工制造 + 安装”的产业链一体化运作模式，拓展了宝钢钢材的用途，使宝钢钢材成为我国重要工程用材之一，实现了宝钢集团由单纯的钢材供应到钢结构加工的产业链联动。

（3）余热资源方面。日益紧张的能源供应问题和环境容量限制的双重负荷给宝钢带来前所未有的压力和困难。因此，宝钢集团在企业发展的同时，对节能减排和循环经济发展一直都予以高度重视。各钢铁厂自建厂以来，都在持续改善余热资源回收设施和装置，力图提高其回收利用率，以实现节能的目标。通过各企业的长期实践和信息的整合，宝钢形成了一套适用于自身的全过程系统能源管理方式，与此同时，也形成了相应的成套余热回收技术，如烧结余热回收和干熄焦技术。

2010 年，宝钢通过整合集团内部管理、技术和人力等各方面资源，建立了一个为集团节能环保、资源管理提供产业化平台，主营节能环保解决方案的节能服务公司。在余热资源的回收利用方面，宝钢节能服务公司通过与各企业之间的协同合作交流，联合研发生产出了低温余热回收发电装置，并且根据企业使用烧结余热过程中的经验，提供了一套余热循环及解题利用整体解决方案，进一步拉近了我国钢铁业在余热回收利用方面与国外先进企业之间的差距。

3. 宝钢作为客户的“逆向传递”协同创新模式

宝钢集团作为我国钢铁企业龙头，拥有众多的供应商，本着致力于与供应商建立全方位战略合作伙伴关系宗旨，通过“逆向传递”方式，向上游供应商传递环境管理要求，实现利益共享、风险共担，共同应对循环经济发展挑战。主要表现在如下几个方面：

（1）观念协同方面。宝钢与部分供应商签订了共建绿色产业链的倡议书，倡议双方在降低环境负荷方面共同努力，进行绿色产品创新和绿色工艺创新，共同推进企业的循环经济发展。在原料运输船舶的选择上，宝钢优先选择节能型新船，以减少能源消耗，降低环境污染，这一举措也大大刺激了船舶制造业的产品创新。

（2）制度协同方面。宝钢为响应国家推进废钢铁一体化进程，积极开发上游破碎料供应商和供应渠道，并与供应商共同推进国家破碎料采购和生产标准的制定，促进上下游的制度协同创新，强化废钢铁回收利用工作，推动钢铁业的清洁生产，减少环境污染。另外，宝钢对供应商执行严格的准入制度，以通过 ISO 14001、GB/T 24001 等环境管理体系认证为门槛，对供应商发放调查问卷以建立各种评估制度，切实实现产业链的制度协同创新。

总之，宝钢集团站在我国制造产业链循环经济协同发展的高度，从不同角度全方位思考和积极应对钢铁业的可持续发展问题。

第一，从供应商的“先期介入”协同创新角度，一是本着“为用户创造价值”的经营理念，充分利用了企业双方的技术优势和相关资源，帮助制造商进行新产品设计、产品升级和技术工艺改进，缩短了双方新产品开发周期，降低新产品开发风险，提高了用户产品质量，提高了资源利用率，降低了废弃物排放，实现了双赢；二是与下游用户从单纯产业链上下游销售关系，转变成相互信任、相互配合支持的战略伙伴关系。

第二，从制造商的“联动反应”角度，对集团内部的循环经济、清洁生产建设进行了优化和整改。

第三，客户的“逆向传递”协同创新角度，对上游供应商尽到传递环境管理要求的责任。宝钢集团强烈的社会责任意识和积极的循环经济实践活动，为我国实现制造产业链的可持续协同发展树立了典范。

二 制造业产业链循环经济差异化发展路径

（一）资源型产业循环经济发展路径

如前所述，资源型产业属于“高能耗、高物耗、高污染”的三高产业，从生产链角度，其循环经济发展基本路径，一是把好原料关；二是重点抓好节能减排；三是提高“三废”再利用率；四是延伸产业链，提高产品附加值。结合钢铁、铜、煤、磷、建材等产业，具体路径和对策如下：

1. 把好原料关

（1）调整原料结构，立足精料方针。对原料进行统一运作，组建战略联盟，例如，加强煤电产业基地建设；提高中低品位矿的利用技术。

（2）提高原矿伴生物、副产品的利用水平。例如，硫资源的替代与循环利用技术，磷矿共生、伴生有用元素的回收利用技术，磷石膏的利用技术等。

（3）重视以废钢为主要原料的电炉短流程钢铁生产。

2. 抓好节能减排

（1）节能。优化能源结构，提高能源转换效率；先进的节能技术，例如改进冶炼技术、冶炼设备，降低粗铜的单位电耗，提高熔炼速度，加强熔炼能力等；加强余热、余能的回收，争取“热尽其用”，例如冶金和化工业的高温余热、余能的发电和梯级利用，水泥业的纯低温余热发电技术等；建立能源管理中心，淘汰落后产能。

（2）调整产品结构、优化生产流程。例如，大力推广新型干法水泥生产工艺，推广散装水泥。散装水泥首先节约了一次性包装袋，其次降低了水泥生产过程中的资源消耗，最后有利于综合利用。

（3）减排。各种“三废”的达标排放和减排。

3. 提高“三废”再利用率

（1）各种“三废”再利用水平参差不齐。例如，铁渣、钢渣、煤矸石、煤泥、二氧化硫等“三废”的再利用具有先进水平。但仍然有大量的“三废”再利用水平亟待提高。

（2）通过大力建立各种工业生态链网来提高“三废”再利用率。

（3）发挥水泥窑处理城市垃圾和发展生态水泥的作用。建筑垃圾、城市污泥、危险废弃物都可以在水泥窑内处理；一些矿渣或冶金渣对提高水泥的品质具有积极作用。

4. 延伸产业链，提高产品附加值

（1）延伸金属产业链，如生产高性能钢材和铜材等。

（2）延伸非金属产业链，例如积极发展新型煤化工、磷化工等。

（二）中间产品产业循环经济发展路径

中间产品产业兼有资源型产业和终端消费品产业的部分特征，传统上很少独立研究。根据前述研究，当前中间产品产业循环经济发展的一般路径是重点抓好节能减排和废旧产品回收工作。

1. 节能减排

中间产品产业仍然具有能耗较高、物耗较高、污染较大的特征，虽然没有资源型产业那么严重。其中，石化中间产品比机电中间产品更加严重。因此，优化能源结构，提高能源转换效率，推广先进的节能技术和设备，优化生产流程，“三废”减排和再利用等是重点工作。其中，与资源型产业的“三废”有所不同的是，原材料加工过程中产生的边角料和加工屑较多。提高设计水平，降低加工过程中的废弃物是一重要工作。

2. 废旧产品回收

机电中间产品如发动机、电动机、集成电路板等具有广泛的用途，产品回收升级、拆卸工作价值高，意义大。

（三）终端消费品产业循环经济发展路径

终端消费品产业具有产业链长、产品结构复杂（组成零部件多）、产品或零部件可以升级使用、再制造利用等特征。因此，该产业的循环经济发展路径重点是加强产品绿色设计、废旧产品回收、零部件再制造以及发展绿色产业集群等问题。

（1）绿色设计。包括节能设计、产品可拆卸设计、可回收设计等。

废旧产品回收。建立和完善废旧产品回收网络，形成和发展静脉产业。

（2）再制造。对重要的零部件的再制造进行深入研究，目前已经引起国内外广泛重视，包括理论体系研究和实践。

（3）绿色产业集群。以制造企业为核心，形成相关产业集聚，发展以动脉产业为主，动脉产业与静脉产业相结合的生态工业园区。

第八章　综合案例分析

第一节　Z煤集团高耗能产业群循环经济发展模式分析

一　Z煤集团高耗能产业群发展现状

Z煤集团是我国煤炭行业较具竞争优势的大型集团企业，煤炭资源丰富，地质勘探程度较高，地处经济发达的东部沿海地区，临近长江三角洲，交通发达，具有消费市场和销售市场的双重地理优势，现已发展成为集煤炭生产、火力发电、铝冶炼、建材等高耗能产业群以及铁路运输为一体的大型区域化集团企业，于2001年成功上市。

（一）高耗能产业群集成发展

1. 煤炭产业

煤炭开采是Z煤集团的基础产业。作为大型煤炭生产企业，Z煤集团拥有A、B、C、D四对生产矿井，核定生产能力达800万吨，年入洗原煤达320万吨左右，2007年原煤产量742万吨。

2. 电力产业

Z煤集团有A、B两座电厂，其中B电厂为矸石热电厂。A电厂拥有2×180吨/小时煤粉炉配40MW发电机组两台、220吨/小时锅炉配50MW发电机组一台、2×440吨/小时锅炉配两台135MW发电机组；矸石热电厂保持“三炉两机”状态，即3×75吨/小时锅炉配2×12MW抽凝式发电机组，机组合计年发电量约16亿千瓦时。煤炭全部由公司内部生产和供应，煤炭开采和洗选中产生的精煤，一部分直接运输至A电厂作为动力煤发电，开采和洗选过程中产生的矸石用于矸石电厂进行燃烧发电，做到固体废弃物的综合利用。

3. 铝冶炼产业

铝冶炼属于高耗能产业。在依托煤电产业优势，保证电力供应的前提下，公司着力打造电解铝的规模生产。现拥有 10 万吨电解铝的生产规模和 6.4 万吨铝用阳极生产规模，生产工艺采用国外先进的 230KA 大型预焙阳极电解槽及烟气干法净化技术。

（二）节能减排工作

公司积极研究和推广资源节约和替代技术、污染物“零排放”技术和回收处理技术，对生产工艺落后、设备陈旧、运行效率低、耗能量大的各环节，有计划、有重点地进行节能技术改造。主要推行热电联产、集中供暖、供汽工程、污水处理工程、信息化建设、道路工程、风机和水泵等机电设备变频调速、恒压供水改造、节水器具推广应用等。同时，用高新技术和先进实用技术改造传统产业。

（三）生态产业链建设

Z 煤集团在其行业内和区域内逐步形成煤、电、高能耗产业（铝冶炼）综合开发模式，同时通过产业链的不断延伸，带动了公司电力、冶炼、运输业以及机械制造、农林、化工等相关产业的快速发展。

1. 原材料与上游产业链

Z 煤集团原材料是丰富的煤炭资源。通过开发、开采以及市场需求与其他产业发生合作关系，通过与供应商建立价值联盟，实现双赢甚至多赢。也反向为供应商提供技术、人力、资金等方面的支持，实现研发创新成果共享，包括研发新技术、新设备、新材料等以获得技术和价格上的优势，使得企业和科研院所形成长期合作伙伴和利益共同体。

2. 产品与下游产业链

煤炭是主要能源和重要的化工原料。Z 煤集团主要生产原混煤、洗精煤、末煤等，供应煤炭需求商和生产企业。其下游产业有大型电力企业、制造冶炼企业、水泥企业、化工企业等。

3. 废弃物排放及资源综合利用产业链

公司在生产过程中产生的废弃物主要有：煤炭开采产生的煤矸石，选煤过程产生的洗矸、煤泥，电厂产生的渣灰、铝冶炼产生的废渣，工业废水和生活污水等。通过对这些工业废弃物的综合利用逐渐形成了生态产业链。

（1）煤矸石和煤泥综合利用。2007 年，Z 煤集团四个矿井煤矸石总排放量为156.46万吨/单位，其中，混合煤矸石（岩巷和煤巷的掘进、手选、剥离等）86.37万吨/单位，洗选煤矸石（重介、跳汰）70.09万吨/单位，煤泥产量12.31万吨。公司煤矸石的利用主要是用来充填塌陷区。将井下排矸直接排至塌陷区，堆满后覆土造田，既治理了因采煤引起的地表破坏，又为煤矸石排放找到场所，解决了煤矸石占压土地问题和矸石起山带来的一系列环境问题。同时对煤矿附近的湖堤利用煤矸石进行加固，提高其防洪能力。

对于选煤厂产生的矸石，从2005年开始与劣质煤、中煤一起送入煤矸石热电厂作为发电燃料，大大提高了利用能力，改善了基础设施，实现中心区集中供电供热，提高了能源利用效率。

煤泥的利用除了外销外，公司结合B电厂3#机组技改，建成年产18万吨的两条煤泥烘干生产线，将煤泥含水率降至13%以下，然后按煤和煤泥6:4的比例掺烧发电。

（2）炉渣和粉煤灰综合利用。2007年Z煤集团两座电厂产生灰渣量总计28.67万吨。其中，干灰量6.3万吨、湿灰量8万吨、干渣13.3万吨、湿渣1万吨。粉煤灰主要用在井下灌浆和改良土壤等方面，2006年，用于替代黄土作井下防灭火灌浆材料的粉煤灰1.39万吨、用于复垦造地1万吨；外销7.17万吨，其中用于修公路3.17万吨、生产粉煤灰砖4万吨。

（3）电解固体废弃物综合利用。电解固体废弃物的产生来源于铝冶炼过程，主要有电解槽大修渣、炉渣等。电解槽一般每四年大修一次，大修时排出的阴极炭块等固体废弃物中含有氟化物，属危险废弃物。熔炼炉废渣的利用是和电厂炉渣一起进行综合利用的；铸轧过程产生的废边角料全部返回熔炼炉中重熔；用于轧机的轧制油循环使用，定期更换，废轧制油拟外售处理；轧制油过滤用的硅藻土、过滤介质等属危险废弃物，设计送往电厂锅炉进行焚烧处置。铝电解槽大修渣浸出液中氟浓度超过50毫升/升，属危险废弃物，公司采用人造或天然材料作防渗层，进行储置，防止浸出液渗入地下。

（4）废污水综合利用。Z煤集团产生的废污水主要有矿井水、生活污水和工业废水。矿井涌水主要来自煤的采掘过程；工业废水主要来自企业内部的各个企业，包括发电厂工业废水及冲灰水等，另外如电解铝生产、机电设备修理等也会产生一定数量的含油废水；生活污水主要来自各矿及中心区的居民区、办公场所、学校等生活污水。公司先后建设了 5 座生活污水处理厂、4 座矿井水处理厂和 5 座医疗废水处理系统。

Z 煤集团矿井产生的矿井水一部分经过初级处理后排放，一部分进行深度处理后用于生产、生活用水。生活污水主要经过污水处理厂处理后达标排放，处理后的中水部分送往矸石电厂作发电循环冷却水及冲洗绿化用水等，年可节约新鲜地下水 150 万立方米左右。矸石电厂和选煤厂等单位产生的污水返回到中心污水厂，使得中心区部分污水做到了闭路循环。

（5）废气、废热综合利用。公司废气主要污染源为发电锅炉、矿区各单位供汽供热锅炉以及电解铝生产工艺等排放的烟气。对于电厂烟气而言，在电厂工艺实施改造后，烟气可以达标排放。其他供汽、供热锅炉排放的烟气目前基本上也能做到达标排放。

废热主要来源于电厂。废热和其他废弃物不同，不但本身不具有污染性，而且还能提供热能。目前，基本进行局部热电联供，发电后的低品位蒸汽通过供热管道输送到居民生活区，实行集中供暖。但是，余热利用仅限于冬季，两电厂余热利用量只有 50% 左右。

综上所述，Z 煤集团依托现有的煤电运综合经营优势，正在大力推进产业结构调整，通过巩固、壮大煤炭基础产业，扩大电力产业规模，发展高耗能产业，构筑煤—电—铝—运一体化经营产业链。在大力发展高耗能产业的同时，加大“三废”的综合利用，走资源节约型、循环型道路。最终形成基础产业、支柱产业、高耗能产业以及运输产业相互促进、相互发展、优势互补的新型产业格局。

二　存在问题

（一）主导产业喜忧参半

公司以煤为基础的产业多元化格局正在得到巩固和发展，但从总体上看，公司产业规模受到抑制，规模经济效应不突出，煤炭产业受储量影响扩张空间不大，电力产业装机容量偏小，供电安全性差，发电成本高于行业平均水平；电解铝产业刚刚介入，还没有达到经济规模；自备发电装机规模不能适应下游产业发展的需求，有可能成为制约公司整体发展的关键瓶颈。

（二）煤炭资源破坏和浪费依然存在

长期以来形成的“采厚弃薄”的开采方式使资源浪费现象依然存在，尤其是在开采技术和水平不高的情况下更是严重，给煤矿资源造成不同程度的浪费，导致一些工业用煤没有得到合理的开发、利用和保护。

（三）废弃物综合利用能力有待加强

多年来，在煤炭资源的持续开采、企业不断壮大的同时，也带来了一系列环境问题和社会问题，尽管公司在"三废"治理和综合利用方面做了一些基础性的工作，煤矸石、粉煤灰、污废水得到了部分利用，但还不能够完全解决这些废弃物常年堆积所带来的一系列问题。总体看来，废弃物利用量少，利用途径单一，所形成的产品规模小，未能产业化发展。

（四）部分伴生资源未被加以利用

根据地质资料显示，Z 煤集团各矿区四灰、十三灰岩层稳定分布，CaO 为50%左右，已达到水泥用灰岩指标。整个矿区 K4 灰岩层厚度达 10 米左右，K12 灰岩层厚度一般 5 米左右。但这些伴生资源还没有得到综合利用，建材产业的发展潜力尚未得到发挥。

三　Z 煤集团循环经济发展评价

（一）评价指标体系构建

按照 Z 煤集团多元化产业特征和循环经济发展需求，设计适于该集团循环经济发展评价的指标体系，如图 8－1 所示。

（二）评价方法选择

在设计循环经济评价指标基础上可以采用多种方法对其进行分析和评价，但目前还没有非常完善的评价方法，最常见的方法主要有层次分析法、投入产出法、熵值法、神经网络方法、主成分分析法、模糊评价等，鉴于评价循环经济是通过多系统、多层次、各类型的指标构成的指标体系来进行的，而且这些指标对循环经济水平的说明程度各有不同，彼此之间难免有一定的相关性，使其在信息上发生重叠，从而影响评价结果。而主成分分析能够较理想地避免这些问题，所以，本书根据煤炭企业性质和评价指标关联度等特点，选择运用主成分分析法对 Z 煤集团循环经济发展状况和水平进行综合分析与评价。

主成分分析法是利用降维思想，通过数学上的变换处理，设法将原来众多具有一定相关性的指标重新组合成一组新的互相无关的综合指标来代替原来指标，作为新的综合评价指标。其最经典的做法就是用 F_1（选取的第一个线性组合，即第一个综合指标）的方差来表达，即 Var（F_1）越大，表示 F_1 包含的信息越多。因此，在所有的线性组合中选取的 F_1 应该是方差最大的，故称 F_1 为第一主成分。如果第一主成分不足以代表

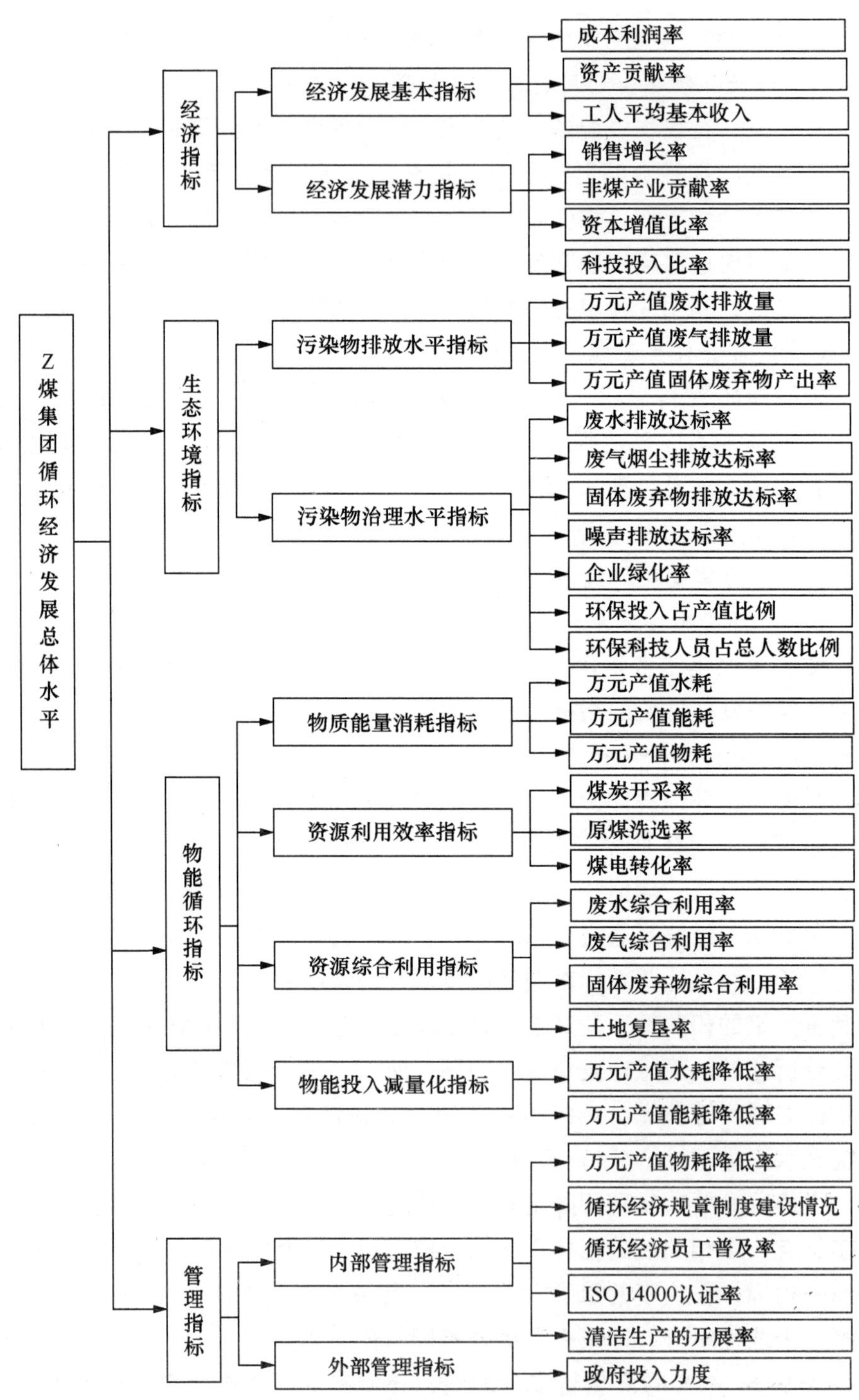

图 8-1　Z 煤集团循环经济评价指标体系

原来 P 个指标的信息，再考虑选取第二个线性组合 F_2，并且 F_1 已有的信息就不出现在 F_2 中，也就是要求 $Cov(F_1, F_2)=0$，则称为 F_2 为第二主成分，以此类推，可以构造出第三、第四……第 m 个。其主成分模型为：

$$F_1 = a_{11}X_{11} + a_{21}X_{21} + \cdots + a_{p1}X_{p1}$$

$$F_2 = a_{12}X_{12} + a_{22}X_{22} + \cdots + a_{p2}X_{p2}$$

$$\cdots$$

$$F_m = a_{1m}X_{1m} + a_{2m}X_{2m} + \cdots + a_{pm}X_{pm}$$

通过构造主成分，将实际的多个指标用少数几个潜在的相互独立的主成分指标的线性组合来表示，构成的新的线性组合可以反映多个实测指标的主要信息。使分析与评价指标变量时能够找出主导因素，切断相关的干扰，做出更为准确的估量与评价。

（三）评价过程与方法

本评价遵循一般系统评价过程的基本逻辑和步骤，从调查分析开始、通过原始数据的收集、处理到模型的建立与求解，最后给出分析和评价结果，具体流程图如图 8－2 所示。

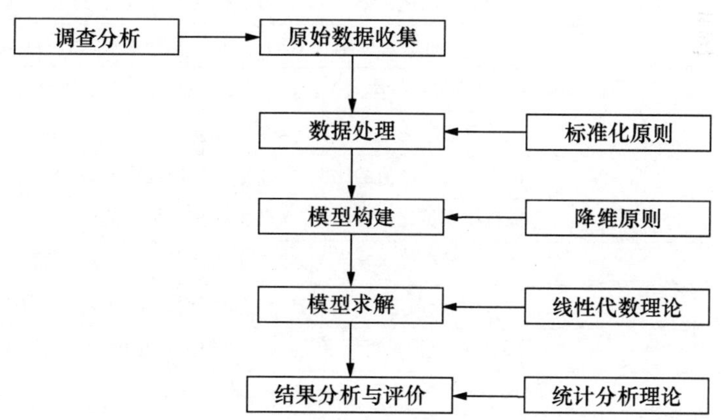

图 8－2　循环经济发展评价流程图

1. 原始数据收集

根据所建立的指标体系，设计原始数据调查表，并进行企业调查，查阅相关企业资料，收集有关数据，进行整理后得到 2004—2008 年 Z 煤集团循环经济发展评价所需原始数据，以反映企业不同年份循环经济发展状况和总体水平。

2. 评价指标的计算

根据收集的原始数据，运用各指标的计算方法及公式，进行指标的分析和计算，计算方法和公式如表 8－1 所示。

表 8－1　　循环经济评价指标计算方法及公式

经济指标	基本指标	工人基本人均收入（X_1）＝工资总额/企业职工总人数
		成本利润率（X_2）＝总利润/总成本
		资产贡献率（X_3）＝（利润总额＋税金总额＋利息支出）/平均资产总额
	潜力指标	销售增长率（X_4）＝（本年销售额－上年销售额）/上年销售额
		非煤产业贡献率（X_5）＝非煤产量/工业总产值
		科技投入比率（X_6）＝年科技投入费用/工业总产值
		资本增值比率（X_7）＝期末所有者权益/期初所有者权益
生态环境指标	污染物排放水平指标	万元产值废水排放量（X_8）＝废水排放总量/工业总产值
		万元产值废气排放量（X_9）＝废气排放总量/工业总产值
		万元产值固体废弃物产出率（X_{10}）＝固体废弃物排放总量/工业总产值
	污染物治理水平指标	废水排放达标率（X_{11}）＝达标排放废水量/排放废水总量
		废气烟尘排放达标率（X_{12}）＝达标排放废气量/排放废气总量
		噪声排放达标率（X_13）＝达标噪声点/总噪声点
		固体废弃物排放达标率（X_{14}）＝达标排放废弃物量/废弃物排放总量
		企业绿化率（X_{15}）＝企业绿化面积/企业总面积
		环保投入占总产值的比例（X_{16}）＝年环保投入额/工业总产值
		环保科技人员比例（X_{17}）＝环保科技人员总数/企业职工总数
物能循环指标	物能消耗指标	万元产值水耗（X_{18}）＝水消耗总量/工业总产值
		万元产值电耗（X_{19}）＝电量消耗总量/工业总产值
		万元产值物料消耗（X_{20}）＝物料消耗总量/工业总产值
	资源利用效率指标	煤炭开采率（X_{21}）＝采出煤量/（采出煤量＋损失煤量）
		原煤洗选率（X_{22}）＝洗选量/原煤总量
		煤电转化率（X_{23}）＝发电用煤量/原煤总量
	资源综合利用指标	废水综合利用率（X_{24}）＝废水利用量/废水产生总量
		废气综合利用率（X_{25}）＝废气利用量/废气产生总量
		固体废弃物综合利用率（X_{26}）＝固体废弃物利用量/固体废弃物产生总量
		塌陷地回填复垦治理率（X_{27}）＝复垦面积/破坏总面积

续表

物能循环指标	物能减量化指标	万元产值水耗降低率（X_{28}）＝（本年万元产值水消耗量－上年万元产值水消耗量）/本年万元产值水消耗量
		万元产值电耗降低率（X_{29}）＝（本年万元产值电量消耗量－上年万元产值电消耗量）/本年万元产值电量消耗量
		万元产值物料消耗降低率（X_{30}）＝（本年万元产值物料消耗量－上年万元产值物料消耗量）/本年万元产值物料消耗量
管理指标	外部管理指标	循环经济政府投入力度（X_{31}）＝政府投入企业循环经济金额/工业总产值
	内部管理指标	循环经济规章制度建设率（X_{32}）＝建立循环经济制度单位/企业总单位数
		循环经济员工普及率（X_{33}）＝接受循环经济培训人数/企业总职工人数
		ISO 14001 认证率（X_{34}）＝通过单位数/企业总单位数
		清洁生产开展率（X_{35}）＝开展单位数/企业总单位数

（四）主成分分析评价

1. 数据标准化处理

评价中确定的各项指标存在不同的量纲、不同的数量级，需要对其进行标准化处理，以消除各指标间的量纲及数量级上的差异，从而使其具有可比性。

指标标准化处理常采用的有中心变化法、标准化变换法、均值法、对数法等，其中最常用的方法就是标准化变换法。这里通过标准化变化法进行数据的标准化处理。利用 SPSS 软件对原始数据进行标准化处理，消除指标间量纲不同的差异，结果见表 8－2。

表 8－2　　　　指标数据的标准化处理结果

指标	数据				
	2004 年	2005 年	2006 年	2007 年	2008 年
X_1	－1. 32178	－0. 58547	0. 00369	0. 73006	1. 17351
X_2	0. 49626	－0. 55367	－0. 61917	－0. 85228	1. 52886
X_3	0. 43355	0. 09444	－1. 03592	－0. 88642	1. 39436
X_4	0. 76197	1. 20586	－1. 12988	－0. 82983	－0. 00812

续表

指标	数据				
	2004 年	2005 年	2006 年	2007 年	2008 年
X_5	-1.30393	-0.77064	0.37034	0.61075	1.09348
X_6	-1.26702	-0.49129	-0.10343	0.47837	1.38338
X_7	-0.46814	-0.72291	-0.3536	-0.21263	1.75727
X_8	1.64491	0.22376	-0.40874	-0.65438	-0.80555
X_9	1.75205	-0.23084	-0.31963	-0.43801	-0.76356
X_{10}	1.52549	0.31873	-0.15568	-0.59785	-1.09069
X_{11}	-1.40166	-0.62156	0.2528	0.79054	0.97988
X_{12}	-1.40796	-0.65169	0.4005	0.66197	0.99717
X_{13}	-1.43704	-0.53854	0.1797	0.89794	0.89794
X_{14}	-1.37055	-0.67488	0.27843	0.76631	1.00069
X_{15}	-1.45565	-0.4159	0.10398	0.62385	1.14373
X_{16}	-1.20561	-0.75237	-0.02719	0.9246	1.06057
X_{17}	-1.75106	0.1172	0.41773	0.55297	0.66316
X_{18}	1.0739	0.89236	0.04591	-0.89673	-1.11544
X_{19}	1.58686	0.30173	-0.36878	-0.5364	-0.98341
X_{20}	1.32684	0.58784	-0.05039	-0.65502	-1.20927
X_{21}	-1.67628	-0.0279	0.21302	0.61878	0.87238
X_{22}	-1.11123	-0.1066	-0.47449	0.10565	1.58666
X_{23}	-1.76107	0.14339	0.47948	0.55416	0.58403
X_{24}	-1.29094	-0.66327	0.08155	0.67798	1.19467
X_{25}	-1.04824	-0.77023	-0.01799	0.36086	1.4756
X_{26}	-1.23133	-0.76237	0.10664	0.70818	1.17887
X_{27}	-1.33627	-0.55765	-0.0341	0.81634	1.11168
X_{28}	0.63972	0.93572	-0.71305	-1.38903	0.52664
X_{29}	-0.70074	-1.24852	0.16206	1.29787	0.48933
X_{30}	1.54481	0.14448	0.01507	-0.58756	-1.11679
X_{31}	-1.03015	-0.85253	-0.14209	0.74597	1.2788
X_{32}	-1.10593	-0.86558	0.09614	0.57716	1.29821
X_{33}	-1.37863	-0.52175	0.01784	0.77568	1.10687
X_{34}	-1.47596	-0.55371	0.36914	0.83027	0.83027
X_{35}	-1.71493	-0.00009	0.34279	0.68611	0.68611

2. 计算相关矩阵 R

根据标准化后数据，继续运用 SPSS 软件求解，得到各指标间的相关矩阵，结果如表 8-3 所示。

表 8－3

指标相关矩阵

	X1	X2	X3	X4	X5	X6	X7	X8	X9	X10	X11	X12	X13	X14	X15	X16	X17	X18	X19	X20	X21	X22	X23	X24	X25	X26	X27	X28	X29	X30	X31	X32	X33	X34	X35
X_1	1.00	0.209	0.089	-0.583	0.976	0.984	0.737	-0.932	-0.849	-0.980	0.986	0.974	0.981	0.985	0.991	0.988	0.857	-0.976	-0.955	-0.999	0.927	0.867	0.834	0.998	0.958	0.994	0.998	-0.448	0.795	-0.966	0.976	0.978	0.998	0.964	0.894
X_2	0.209	1.000	0.923	0.276	0.175	0.354	0.814	0.068	0.100	-0.120	0.079	0.094	0.020	0.099	0.165	0.167	-0.162	-0.233	-0.049	-0.232	-0.035	0.534	-0.207	0.231	0.466	0.236	0.168	0.557	-0.029	-0.132	0.342	0.341	0.156	-0.023	-0.150
X_3	0.089	0.923	1.000	0.585	-0.010	0.254	0.683	0.154	0.098	-0.035	-0.066	-0.071	-0.101	-0.058	0.066	0.023	-0.187	-0.065	0.051	-0.106	-0.071	0.530	-0.231	0.090	0.307	0.075	0.57	0.767	-0.264	-0.092	0.185	0.159	0.048	0.163	0.188
X_4	0.583	0.276	0.585	1.000	-0.714	-0.462	-0.167	0.634	0.447	0.557	-0.692	-0.717	-0.675	-0.704	-0.564	-0.643	-0.532	0.649	0.611	0.583	-0.518	-0.135	-0.544	-0.612	-0.505	-0.644	-0.585	0.892	-0.826	0.458	-0.570	-0.621	0.588	0.726	0.567
X_5	0.976	0.175	-0.010	-0.714	1.000	0.949	0.707	-0.937	-0.832	-0.963	0.989	0.995	0.971	0.993	0.972	0.967	0.853	-0.960	-0.960	-0.981	0.904	0.789	0.835	0.986	0.947	0.989	0.968	-0.523	0.816	-0.925	0.950	0.979	0.973	0.976	0.883
X_6	0.984	0.354	0.254	-0.462	0.949	1.000	0.829	-0.895	-0.835	-0.967	0.947	0.940	0.935	0.948	0.980	0.952	0.825	-0.944	-0.934	-0.988	0.905	0.939	0.796	0.983	0.981	0.973	0.975	-0.283	0.696	-0.964	0.966	0.972	0.976	0.912	0.854
X_7	0.737	0.814	0.683	-0.167	0.707	0.829	1.000	-0.516	-0.447	-0.670	0.642	0.650	0.596	0.657	0.706	0.696	0.409	-0.733	-0.611	-0.754	0.533	0.883	0.365	0.753	0.893	0.753	0.705	0.124	0.439	-0.668	0.809	0.817	0.699	0.561	0.435
X_8	-0.932	0.068	0.154	0.634	-0.937	-0.895	-0.516	0.1.000	0.966	0.979	-0.964	-0.965	-0.967	-0.957	-0.965	-0.900	-0.980	0.858	0.993	0.934	-0.990	-0.751	-0.973	-0.928	-0.829	-0.913	-0.935	0.509	-0.685	0.963	-0.836	-0.869	-0.948	-0.979	-0.991
X_9	-0.849	0.100	0.098	0.447	-0.832	-0.835	-0.447	0.966	1.000	0.936	-0.872	-0.874	-0.882	-0.859	-0.909	-0.786	-0.994	0.726	0.954	0.854	-0.984	-0.757	-0.990	-0.836	-0.734	-0.806	-0.852	0.335	-0.483	0.945	-0.716	-0.753	-0.871	-0.893	-0.985
X_{10}	-0.980	-0.120	-0.035	0.557	-0.963	-0.967	-0.670	0.979	0.936	1.000	-0.979	-0.975	-0.977	-0.975	-0.997	-0.946	-0.938	0.917	0.992	0.982	-0.980	-0.862	-0.921	-0.975	-0.917	-0.962	-0.978	0.410	-0.700	0.992	-0.915	-0.935	-0.986	-0.972	-0.957
X_{11}	0.986	0.079	-0.066	-0.692	0.989	0.947	0.642	-0.964	-0.872	-0.979	1.000	0.995	0.996	0.999	0.985	0.980	0.894	-0.963	-0.973	-0.985	0.941	0.786	0.878	0.987	0.919	0.985	0.986	-0.560	0.826	-0.953	0.945	0.960	0.990	0.994	0.926
X_{12}	0.974	0.094	-0.071	-0.717	0.995	0.940	0.650	-0.965	-0.874	-0.975	0.995	1.000	0.984	0.997	0.979	0.962	0.896	-0.945	-0.979	-0.978	0.936	0.774	0.882	0.981	0.920	0.979	0.970	-0.548	0.803	-0.941	0.930	0.959	0.976	0.991	0.923
X_{13}	0.981	0.020	-0.101	-0.675	0.971	0.935	0.596	-0.967	-0.882	-0.977	0.996	0.984	1.000	0.992	0.980	0.979	0.905	-0.956	-0.968	-0.977	0.950	0.772	0.890	0.977	0.892	0.973	0.986	-0.581	0.828	-0.956	0.933	0.939	0.989	0.994	0.940
X_{14}	0.985	0.099	-0.058	-0.704	0.993	0.948	0.657	-0.957	-0.859	-0.975	0.999	0.997	0.992	1.000	0.982	0.981	0.881	-0.966	-0.969	-0.985	0.931	0.783	0.865	0.989	0.926	0.989	0.984	-0.561	0.833	-0.945	0.950	0.967	0.987	0.992	0.915
X_{15}	0.991	0.165	0.066	0.564	0.972	0.980	0.706	-0.965	-0.909	-0.997	0.985	0.979	0.980	0.982	1.000	0.964	0.912	-0.941	-0.983	-0.993	0.964	0.873	0.892	0.988	0.939	0.978	0.989	-0.415	0.731	-0.988	0.942	0.956	0.994	0.971	0.936
X_{16}	0.988	0.167	0.023	-0.643	0.967	0.952	0.696	-0.900	-0.786	-0.946	0.980	0.962	0.979	0.981	0.964	1.000	0.807	-0.995	-0.917	-0.982	0.883	0.803	0.784	0.987	0.936	0.990	0.991	-0.545	0.875	-0.925	0.983	0.973	0.986	0.959	0.855
X_{17}	0.857	-0.162	-0.187	-0.532	0.853	0.825	0.409	-0.980	-0.994	-0.938	0.894	0.896	0.905	0.881	0.912	0.807	1.000	-0.748	-0.962	-0.860	0.985	0.711	0.999	0.846	0.729	0.821	0.862	-0.432	0.548	0.937	0.726	0.764	0.881	0.921	0.995
X_{18}	-0.976	-0.233	-0.065	0.649	-0.960	-0.944	-0.733	0.858	0.726	0.917	-0.963	-0.945	-0.956	-0.966	-0.941	-0.995	-0.748	1.000	0.884	0.971	-0.836	-0.794	-0.722	-0.979	-0.946	-0.987	-0.977	0.537	-0.892	0.890	-0.992	-0.980	-0.969	-0.933	-0.802
X_{19}	-0.955	-0.049	0.051	0.611	-0.960	-0.934	-0.611	0.993	0.954	0.992	-0.973	-0.979	-0.968	-0.969	-0.983	-0.917	-0.962	0.884	1.000	0.961	-0.984	-0.809	-0.950	-0.954	-0.883	-0.941	-0.952	0.447	-0.681	0.976	-0.874	-0.909	-0.964	-0.977	-0.973
X_{20}	-0.999	-0.232	-0.106	0.583	-0.981	-0.988	-0.754	0.934	0.854	0.982	-0.985	-0.978	-0.977	-0.985	-0.993	-0.982	-0.860	0.971	0.961	1.000	-0.928	-0.875	-0.836	-0.999	-0.966	-0.994	-0.995	0.427	-0.778	0.967	-0.974	-0.982	-0.996	-0.963	-0.893
X_{21}	0.927	-0.035	-0.071	-0.518	0.904	0.905	0.533	-0.990	-0.984	-0.980	0.941	0.936	0.950	0.931	0.964	0.883	0.985	-0.836	-0.984	-0.928	1.000	0.804	0.976	0.915	0.821	0.894	0.931	-0.413	0.618	-0.982	0.824	0.847	0.944	0.952	0.993
X_{22}	0.867	0.534	0.530	-0.135	0.789	0.939	0.883	-0.751	-0.757	-0.862	0.786	0.774	0.772	0.783	0.873	0.803	0.711	-0.794	-0.809	-0.875	0.804	1.00	0.675	0.858	0.909	0.836	0.853	0.054	0.437	-0.893	0.853	0.849	0.854	0.732	0.726
X_{23}	0.834	-0.207	-0.231	-0.544	0.835	0.796	0.365	-0.973	-0.990	-0.921	0.9878	0.882	0.890	0.865	0.892	0.784	0.999	-0.722	-0.950	-0.836	0.976	0.675	1.000	0.823	0.697	0.798	0.840	-0.449	0.534	-0.918	0.696	0.737	0.859	0.910	0.991
X_{24}	0.998	0.231	0.090	0.612	0.986	0.983	0.753	-0.928	-0.836	-0.975	0.987	0.81	0.977	0.989	0.988	0.987	0.846	-0.979	-0.954	-0.999	0.915	0.858	0.823	1.00	0.968	0.998	0.993	-0.454	0.803	-0.955	0.979	0.988	0.994	0.964	0.882
X_{25}	0.958	0.466	0.307	-0.505	0.947	0.981	0.893	-0.829	-0.734	-0.917	0.919	0.920	0.892	0.926	0.939	0.936	0.729	-0.946	-0.883	-0.966	0.821	0.909	0.697	0.968	1.000	0.968	0.941	-0.276	0.721	-0.898	0.974	0.987	0.940	0.873	0.763
X_{26}	0.994	0.236	0.075	-0.644	0.989	0.973	0.753	-0.913	-0.806	-0.962	0.985	0.979	0.973	0.989	0.978	0.990	0.821	-0.987	-0.941	-0.994	0.894	0.836	0.798	0.998	0.968	1.000	0.989	-0.485	0.832	-0.936	0.985	0.993	0.988	0.961	0.861
X_{27}	0.998	0.168	0.057	-0.585	0.968	0.975	0.705	-0.935	-0.852	-0.978	0.986	0.970	0.986	0.984	0.989	0.991	0.862	-0.977	-0.952	-0.995	0.931	0.853	0.840	0.993	0.941	0.989	1.000	-0.475	0.808	-0.967	0.972	0.968	0.999	0.967	0.901
X_{28}	0.448	0.557	0.767	0.892	-0.523	-0.283	0.124	0.509	0.335	0.410	-0.560	-0.548	-0.581	-0.561	-0.415	-0.545	-0.432	0.537	0.447	0.427	-0.413	0.054	-0.449	-0.454	-0.276	-0.485	-0.475	1.000	-0.819	0.335	-0.430	-0.426	-0.469	-0.610	-0.483
X_{29}	0.795	-0.029	-0.264	-0.826	0.816	0.696	0.439	-0.685	-0.483	-0.700	0.826	0.803	0.828	0.833	0.731	0.875	0.548	-0.892	-0.681	-0.778	0.618	0.437	0.534	0.803	0.721	0.832	0.808	-0.819	1.000	-0.642	0.839	0.814	0.792	0.817	0.621
X_{30}	-0.966	-0.132	-0.092	0.458	-0.925	-0.964	0.668	0.963	0.945	0.992	-0.953	-0.941	-0.956	-0.945	-0.988	-0.925	-0.937	0.890	0.976	0.967	-0.982	-0.893	-0.918	-0.955	-0.898	-0.936	-0.967	0.335	-0.642	1.000	-0.896	-0.905	-0.974	-0.942	-0.953
X_{31}	0.976	0.342	0.185	-0.570	0.950	0.966	0.809	-0.836	-0.716	-0.915	0.945	0.930	0.933	0.950	0.942	0.983	0.726	-0.992	-0.874	-0.974	0.824	0.853	0.696	0.979	0.974	0.985	0.972	-0.430	0.839	-0.896	1.000	0.989	0.964	0.905	0.777
X_{32}	0.978	0.341	0.159	-0.621	0.979	0.972	0.817	-0.869	-0.753	-0.935	0.960	0.959	0.939	0.967	0.956	0.973	0.764	-0.980	-0.909	-0.982	0.847	0.849	0.737	0.988	0.987	0.993	0.968	-0.426	0.814	-0.905	-0.989	1.000	0.966	0.926	0.804
X_{33}	0.998	0.156	0.048	-0.588	0.973	0.976	0.699	-0.948	-0.871	-0.986	0.990	0.976	0.989	0.987	0.994	0.986	0.881	-0.969	-0.964	-0.996	0.944	0.854	0.8959	0.994	0.940	0.988	0.999	-0.469	0.792	-0.974	0.964	0.966	1.000	0.973	0.916
X_{34}	0.964	-0.023	-0.163	-0.726	0.976	0.912	0.561	-0.979	-0.893	-0.972	0.994	0.991	0.994	0.992	0.971	0.959	0.921	-0.933	-0.977	-0.963	0.952	0.732	0.910	0.964	0.873	0.961	0.967	-0.610	0.817	-0.942	0.905	0.926	0.973	1.000	0.949
X_{35}	0.894	-0.150	-0.188	-0.567	0.883	0.854	0.435	-0.991	-0.985	-0.957	0.926	0.923	0.940	0.915	0.936	0.855	0.995	-0.802	-0.973	-0.893	0.993	0.726	0.991	0.882	0.763	0.861	0.901	-0.483	0.621	-0.953	0.777	0.804	0.916	0.949	1.000

a. Determinant = 0.000

b. This matrix is not positive definite.

3. 求特征值、方差贡献率、累计方差贡献率，确定主成分个数

运用 SPSS 软件 factor 过程对标准化数据进行因子分析，得出相关系数矩阵的特征值（Total）、方差贡献率（of Variance）和累计方差贡献率（Cumulative），同时获取公共因子碎石图，结果如表 8 –4 和图 8 –3 所示。

从图 8 –3 可以看出，前面 3 –4 个因子特征值变化特别明显，到第四个特征值以后，特征值的变化趋于平稳。因此，说明提取 3 –4 个公共因子可以对原来变量的信息描述具有显著作用。结果显示，提取 3 个公共因子的累计贡献率达到 99.109%，即这三个成分包括的信息占原始变量所包含总信息的 99.109%，完全可以代表原来 35 个指标的全部信息，故本书选取 3 个主成分（$k=3$），即选取前 3 个指标作为 Z 煤集团循环经济发展水平的综合分析、评价指标。

表 8 –4　特征值、方差贡献率和累计方差贡献率

因子	初始特征值			Extraxtion Sums of Squared Loadings			Rotation Sums of Squared Loadings		
	特征值	方差贡献率（%）	特征值	特征值	方差贡献率（%）	特征值	特征值	方差贡献率（%）	特征值
1	28.7	82.077	82.077	28.7	82.077	82.077	19.7	56.375	56.379
2	4.102	11.719	93.797	4.102	11.719	93.797	10.0	28.661	85.037
3	1.859	5.312	99.109	1.859	5.312	99.109	4.929	14.072	99.109

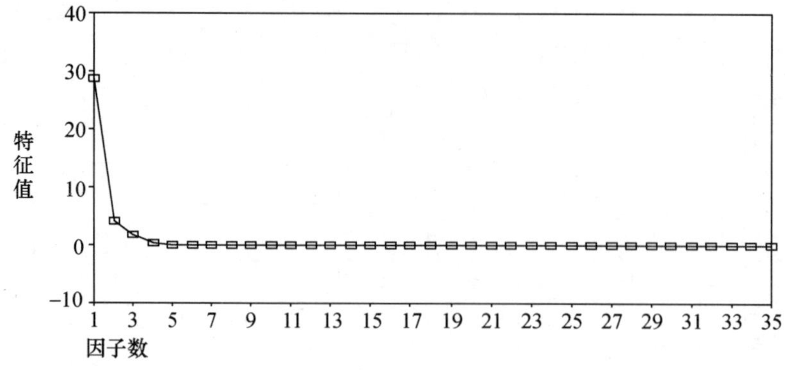

图 8 –3　公共因子碎石图

4. 主成分函数的确定及主成分载荷分析

从表 8－5 的因子得分矩阵，可以得出主成分函数：

$F_1 = +0.014X_1 - 0.088X_2 - 0.002X_3 + \cdots + 0.1125X_{35}$

$F_2 = +0.033X_1 + 0.056X_2 - 0.076X_3 + \cdots - 0.103X_{35}$

$F_3 = +0.028X_1 + 0.244X_2 + 0.232X_3 + \cdots - 0.069X_{35}$

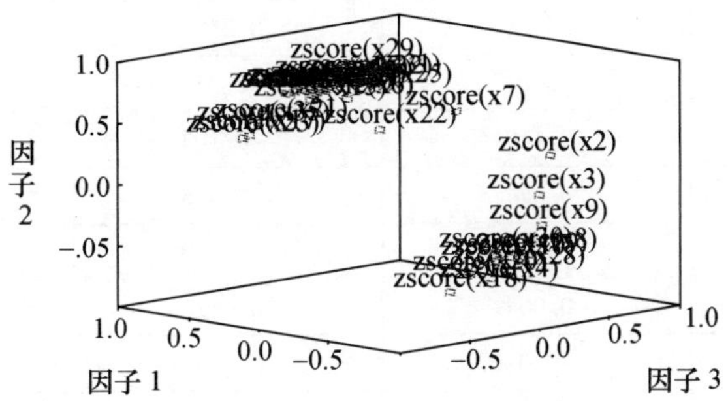

图 8－4　载荷散点图示

表 8－5　　指标因子得分矩阵

	因子		
	1	2	3
X_1	0.014	0.033	0.028
X_2	－0.088	0.056	0.244
X_3	－0.002	－0.076	0.232
X_4	0.109	－0.233	0.092
X_5	－0.005	0.066	0.013
X_6	0.029	－0.002	0.062
X_7	－0.047	0.051	0.183
X_8	－0.092	0.058	0.051
X_9	－0.165	0.168	0.061
X_{10}	－0.070	0.041	0.001
X_{11}	0.016	0.043	－0.008
X_{12}	0.017	0.040	－0.008
X_{13}	0.025	0.032	－0.020

续表

	因子		
	1	2	3
X_{14}	0. 007	0. 054	-0. 003
X_{15}	0. 051	-0. 016	0. 012
X_{16}	-0. 023	0. 089	0. 023
X_{17}	0. 147	-0. 136	-0. 076
X_{18}	0. 051	-0. 124	-0. 041
X_{19}	-0. 081	0. 050	0. 023
X_{20}	-0. 017	-0. 027	-0. 031
X_{21}	0. 119	-0. 103	-0. 041
X_{22}	0. 074	-0. 095	0. 110
X_{23}	0. 152	-0. 140	-0. 087
X_{24}	0. 004	0. 047	0. 032
X_{25}	-0. 021	0. 060	0. 090
X_{26}	-0. 015	0. 073	0. 034
X_{27}	0. 016	0. 033	0. 019
X_{28}	0. 105	-0. 236	0. 142
X_{29}	-0. 140	0. 262	-0. 012
X_{30}	-0. 093	0. 078	-0. 005
X_{31}	-0. 046	0. 106	0. 067
X_{32}	-0. 034	0. 092	0. 060
X_{33}	0. 025	0. 020	0. 015
X_{34}	0. 030	0. 030	-0. 034
X_{35}	0. 125	-0. 103	-0. 069

Extraction Method：Principal Component Analysis.

Rotation Method：Varimax with Kaiser Normalization.

Component Scores.

由表 8 -5 和图 8 -4 可知：

（1）销售增长率（X_4）、环保科技人员比例（X_{17}）、煤炭开采率（X_{21}）、煤电转化率（X_{23}）、万元产值水耗降低率（X_{28}）和清洁生产开展率（X_{35}）在第一个因子上有相对比较高的载荷，可以认为第一个主成因子解释了这几个变量，可理解为其体现了企业在经济发展与污染治理、资源利用方面的平衡行为追求经济、环境、社会效益的同步性；也体现了循环经济发展的节约与循环、再利用原则。

（2）万元产值废气排放量（X_9）、环保投入占总产值的比例（X_{16}）、万元产值电耗降低率（X_{29}）和循环经济政府投入比例（X_{31}）、循环经济规章制度建设率（X_{32}）在第二个因子上的载荷较高，可以解释为企业在发展经济的过程中污染物的排放治理水平，循环经济制度建设、资金投入力度和废弃物的回收再利用水平，体现了从源头预防、节约资源使用和减少污染物排放的力度以及循环经济发展的减量化原则。

（3）成本利润率（X_2）、资产贡献率（X_3）、销售增长率（X_4）、资本增值比率（X_7）、原煤洗选率（X_{22}）、废气综合利用率（X_{25}）和万元产值水耗降低率（X_{28}）在第三个因子上的载荷较高，可以解释为企业在发展经济、追求效益过程中，注重资源投入的减量化、资源回收综合利用效率的提高程度。体现了资源再利用、再循环原则。

5. 计算主成分得分、年度增长值及综合排名

根据上面分析，利用上表及标准化后的数据，即可计算出主成分的得分；同时，以各主成分的方差贡献率作为权重，计算主成分的加权平均数，即得循环经济发展水平的综合评价得分，计算公式为：

$$F = 0.82077F_1 + 0.11719F_2 + 0.05312F_3$$

根据计算结果，对其进行排序和综合比较，排序结果如表 8-6 所示。

表 8-6　主成分得分与综合评价排序

年份	F_1 得分	F_2 得分	F_3 得分	综合得分 F	排名	增长值	排名
2004	-1.74754	-0.10268	0.35926	-1.4272776	5	—	—
2005	0.50119	-1.62426	-0.35037	0.20240303	3	1.629681	1
2006	0.18489	0.34185	-0.89304	0.14437528	4	-0.05803	4
2007	0.31006	1.06345	-0.68925	0.34250069	2	0.198125	3
2008	0.75140	0.32164	1.57340	0.73799858	1	0.395498	2

（五）评价结果分析

1. 循环经济发展水平保持不断增长

根据表 8-6 的评价结果分析，近年来 Z 煤集团通过产业结构的不断优化、工业的合理布局与调整、坚持走可持续发展之路，遵循循环经济发

展的原则，通过开展废弃物回收利用工程、清洁生产审核等途径，使循环经济整体发展水平不断提高。从综合得分图 8－5 可以看出，Z 煤集团循环经济发展的综合得分从 2004 年的－1.427 提高到 2008 年的 0.738，年均增长幅度达 44.31%，呈现出良好的发展态势。其中，2004—2005 年增长最为显著，主要是企业通过对技术设备进行全面改造和更新，停用高排放、高污染、高能耗的生产设备、更换新型高技术设备，大大降低了污染物的排放。

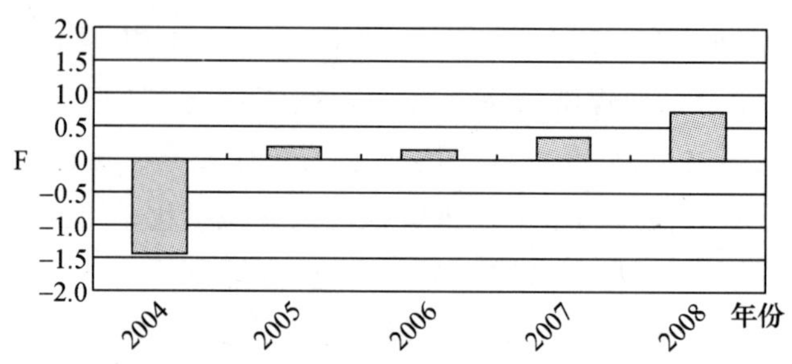

图 8－5　2004—2008 年循环经济发展综合得分

同时，企业加大了对生态环境建设的投资力度，环保投入占工业总产值比例从 2004 年的 0.79% 提高到 2008 年的 1.29%，是 2004 年的 1.63 倍。企业各类污染物排放达标率有了显著提高。废水、废气、固体废弃物利用率分别从 2004 年的 38.03%、14.68% 和 56.69% 提高到 2008 年的 98.50%、23.94% 和 98.32%。万元产值水耗、电耗、物料消耗也从 2004 年的 240.33 立方米/万元、1.56 吨标准煤/万元、2.80 吨标准煤/万元，提高到 2008 年的 110.23 立方米/万元、1.10 吨标准煤/万元、1.29 吨标准煤/万元。在此期间，企业人均收入也得到大幅提高。从 2004 年的 19770.69 元/年增加到 2008 年的 35800.08 元/年，增加了 81.08%。这些指标说明 Z 煤集团循环经济保持良性发展。

2. 循环经济发展滞后于企业经济发展

从分析看，Z 煤集团人均工业生产总值、工人基本人均收入的年均增幅分别为 26.93%、16.13%。经济基本处于稳定发展态势。而 2004—2008 年企业的废水排放总量、固体废弃物排放总量减少的幅度很少，而且废气的排放量呈现不断增加的态势，说明 Z 煤集团循环经济的发展还处于滞后企业经济发展的阶段，仍然存在较多需要提高和改进的方面。但Z煤集团循环经济的发展显示了很好的发展势头，其发展速度和发展势头逐年提高，后续发展空间非常大。如果Z煤集团能对循环经济的发展继续从制度完善、资金投入和工程项目方面上给予支持和保障，继续加快计划的落实和实施，继续协调企业经济发展和循环经济发展之间的联系与互补关系，以增强企业的综合效率为发展目标，循环经济的发展将拉动企业经济发展。

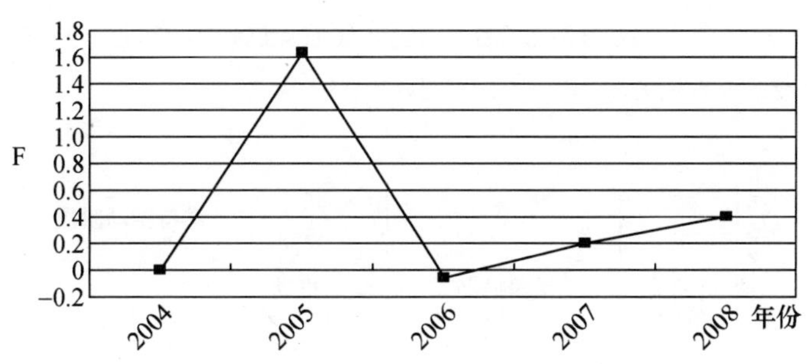

图8－6 循环经济发展综合指标变化

3. 循环经济发展速度存在波动

通过图8－6分析可以看出，Z煤集团循环经济的发展并不是非常稳定。2005年，由于企业对技术设备进行全面改造和更新，停用高排放、高污染、高能耗的生产设备、更换新型高技术设备，污染物的排放得到降低。该年循环经济综合得分0.20240303，增长1.629681，居五年来增幅排行之首，显示了明显的效果。随后的2006年综合得分增长降至0.14437528，增长值为－0.05803。显然，在2005年循环经济建设成绩斐然的情况下，企业放松了对循环经济的各方投入和关注度，使得2006年出现明显的下降即负增长，综合得分的增长位于增长排行的末尾，2007年、2008年又出现了回升，但总体看来，Z煤集团循环经济的建设情况波动较大。因此，Z煤集团循环经济的发展应当引起重视，协调企业发展和循环经济发展之间的关系。

4. 循环经济发展处于微弱推动阶段

循环经济的发展与经济发展有着密切的联系，循环经济的发展能够更好协调企业与社会、企业与企业、企业与环境之间的发展，能够减少资源的浪费，提高循环再利用率，缓解来自社会、环境和生态方面的压力，实现企业经济的稳步增长；相反，企业经济的发展对循环经济的发展也有一定带动作用。从理论上分析，循环经济的发展与 GDP 之间的关系可以分为四个阶段，即负相关阶段、微弱推动阶段、强劲推动阶段以及维持推动阶段，如图 8－7 所示。

根据这种关系，可以把循环经济发展划分为四个不同的阶段，依次对应为第Ⅰ阶段、第Ⅱ阶段、第Ⅲ阶段和第Ⅳ阶段。

在对 Z 煤集团循环经济发展与经济发展相关性分析后发现，Z 煤集团循环经济发展综合指数与经济增长之间存在较强相关性，其相关系数为 0.857，如表 8－7 所示。

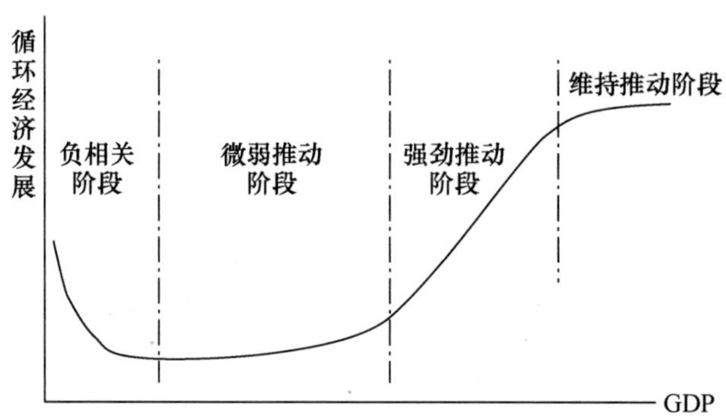

图 8－7　循环经济发展与 GDP 之间的关系

表 8－7　循环经济发展与经济发展相关性

		循环经济	工业产值
循环经济	Pearson Correlation	1.000	0.857
	Sig. (2－tailed)	0.000	0. 063
	N	5	5
工业产值	Pearson Correlation	0.857	1.000
	Sig. (2－tailed)	0. 063	0.000
	N	5	5

对其进行回归分析，得回归方程如下：

循环经济发展综合指数 ＝ 0.0446 × 工业总产值 － 2.0974 （R_2 ＝ 0.7346）

从分析结果看，Z 煤集团循环经济发展的综合指数与工业总产值之间存在较强的正相关性。说明企业经济的增长对循环经济发展有一定带动作用，工业总产值每增加 1 亿元，循环经济综合指数提高 0.04。但也可以看出，企业工业总产值对循环经济发展的综合指数的系数虽然为正，但其系数还很小。因此，从总体上说，Z 煤集团经济的发展与循环经济发展之间的关系应处于第Ⅱ阶段，即微弱推动阶段。但从其发展速度看，有转向强劲推动阶段的迹象。

第二节　钢铁与化工产业循环经济指标体系比较研究

一　循环经济综合评价指标体系设计

（一）资源型产业循环经济综合评价指标体系的指标组成

资源型产业一般为高耗能产业，它们主要集中在冶金（包括有色金属和钢铁）、化工、建材、火电等行业，该产业群是循环经济建设和发展的重点领域。其中，钢铁与化工是金属与非金属产业的代表性产业。本节从综合绩效（经济绩效、环境绩效、社会绩效）角度对钢铁与化工产业循环经济发展状况进行比较分析和综合评价。

（二）指标权重的确定

为简化起见，这里运用层次分析法来确定指标权重。

（三）综合评价指数（等级）

参照国内外资料及高耗能行业清洁生产评价体系等级划分，设计了循环经济五级标准，如表 8－8 所示。

表 8－8　　资源型产业循环经济发展企业综合评价指数

循环经济发展度等级	循环经济发展度指数 P	评语
第 1 级	$P \geqslant 0.9$	循环经济发展水平很高
第 2 级	$0.8 \leqslant P < 0.9$	循环经济发展水平较高
第 3 级	$0.7 \leqslant P < 0.8$	循环经济发展水平一般
第 4 级	$0.6 \leqslant P < 0.7$	循环经济发展水平较低
第 5 级	$P < 0.6$	循环经济发展水平很低

（四）评价基准值的确定

对于定性指标来说，（1）对于排放物或污染物引发的社会问题，按其影响程度分为“非常严重、严重、稍严重、一般、无”五个等级，相应的循环经济取值为“1、0.8、0.4、0.2、0”；（2）对于社会保障事业、经济结构改善和增加社会就业效果、对当地科技进步的影响等指标，按其影响程度分为“无、一般、稍有效果、有效果、很有效果”，相应取值为“0、0.2、0.4、0.8、1”。

对于定量指标来说，通过分析比较国内先进企业各指标值与现有清洁生产指标标准值，取最先进值为标准值。

二　化工行业循环经济评价指标体系

（一）评价指标的筛选

根据循环经济的原则要求和指标的可度量性，本评价指标体系分为定量指标和定性指标两大部分。定量评价指标选取有代表性的、能反映“节能”、“降耗”、“减污”和“经济效益”等有关循环经济最终目标的指标，建立评价模式。通过计算各项指标的实际值、评价基准值和指标权重值，并进行评分，最终得出企业循环经济发展现状、发展程度。定性评价指标主要根据国家有关推行循环经济产业发展的社会贡献指标和社会责任指标，用于定性考核企业社会责任感与社会贡献度。

指标及其评价体系设置的合理性直接关系评价工作的科学性和可操作性，化工行业实施循环经济程度的评价，不仅只考虑经济指标，还应包括社会指标、环境指标等因素，再将各种因素融合到综合评价中，反过来对经济指标也会有影响。本指标体系是在已有的循环经济框架指标体系的基础上，以指标的重要度及可度量性为依据，参考目前循环经济研究中已出台的具有权威性与代表性的《磷化工行业清洁生产评价指标体系》及《循环经济评价指标体系说明》进行筛选，结果见表8－9。

（1）经济指标中的可持续增长率指标由于量化比较困难，且对整个评价结果不会有较明显影响，所以删除。

（2）生产工艺和设备要求指标由于各化工企业的工艺与设备不尽相同，且度量的基准值无法定量，生产工艺与设备的先进与否，可以从污染物的控制及资源综合利用指标体现出来，所以删除生产工艺与设备要求指标。

表 8 – 9　　　　　　化工行业循环经济评价指标体系

<table>
<tr><td rowspan="24">化工行业循环经济评价指标体系</td><td>一级指标</td><td colspan="2">二级指标</td><td>三级指标</td></tr>
<tr><td rowspan="5">经济绩效指标</td><td colspan="2" rowspan="3">经营效果指标</td><td>净资产收益率</td></tr>
<tr><td>净利润现金流量比率</td></tr>
<tr><td>成本费用利用率</td></tr>
<tr><td colspan="2" rowspan="2">经济发展潜力指标</td><td>绿色研发费用投入比率</td></tr>
<tr><td>先进生产线使用比率</td></tr>
<tr><td rowspan="4">社会绩效指标</td><td colspan="2" rowspan="2">社会责任指标</td><td>排放物或污染物引发的社会问题</td></tr>
<tr><td>社会保障事业</td></tr>
<tr><td colspan="2" rowspan="2">综合贡献指标</td><td>经济结构改善和增加社会就业效果</td></tr>
<tr><td>对当地科技进步的影响</td></tr>
<tr><td rowspan="14">环境绩效指标</td><td colspan="2" rowspan="3">资源综合利用指标</td><td>工业水重复利用率</td></tr>
<tr><td>废气利用率</td></tr>
<tr><td>废渣利用率</td></tr>
<tr><td rowspan="8">污染物控制指标</td><td rowspan="4">废水</td><td>化学需氧量排放量</td></tr>
<tr><td>油类污染物排放量</td></tr>
<tr><td>富营养化污染排放量</td></tr>
<tr><td>废水排放量</td></tr>
<tr><td rowspan="3">废气</td><td>硫化物排放量</td></tr>
<tr><td>氮氧化物排放量</td></tr>
<tr><td>烟尘排放量</td></tr>
<tr><td>废渣</td><td>废渣排放量</td></tr>
<tr><td colspan="2" rowspan="3">能源消耗指标</td><td>综合能耗（电/煤/油/气）</td></tr>
<tr><td>耗新鲜水量</td></tr>
<tr><td>原材料消耗量</td></tr>
</table>

（3）增加了资源综合利用指标，因为这项指标是循环经济以及清洁生产重点要求的指标，并且指标易度量，基准值容易选取。

（4）生产过程安全管理指标不易度量，且其效果可以从资源利用、污染物控制指标体现出来，所以也删除。

（二）权重确定

运用层次分析法，得到三级指标权重如表 8 – 10 所示。

表 8－10　　化工产业三级指标权重的确定

<table>
<tr><th>一级指标</th><th>权重值</th><th colspan="2">二级指标</th><th colspan="2">权重值</th><th>三级指标</th><th>权重值</th></tr>
<tr><td rowspan="4">社会绩效指标</td><td rowspan="4">0. 163</td><td colspan="2" rowspan="2">社会责任指标</td><td colspan="2" rowspan="2">0. 054</td><td>排放物或污染物引发的社会问题</td><td>0. 037</td></tr>
<tr><td>社会保障事业</td><td>0. 017</td></tr>
<tr><td colspan="2" rowspan="2">综合贡献指标</td><td colspan="2" rowspan="2">0. 109</td><td>经济结构改善和增加社会就业效果</td><td>0. 065</td></tr>
<tr><td>对当地科技进步的影响</td><td>0. 044</td></tr>
<tr><td rowspan="5">经济绩效指标</td><td rowspan="5">0. 297</td><td colspan="2" rowspan="3">经营效果指标</td><td colspan="2" rowspan="3">0. 198</td><td>净资产收益率</td><td>0. 078</td></tr>
<tr><td>净利润现金流量比率</td><td>0. 057</td></tr>
<tr><td>成本费用利润率</td><td>0. 063</td></tr>
<tr><td colspan="2" rowspan="2">经济发展潜力指标</td><td colspan="2" rowspan="2">0. 099</td><td>绿色研发费用投入比率</td><td>0. 032</td></tr>
<tr><td>先进生产线使用比率</td><td>0. 067</td></tr>
<tr><td rowspan="14">环境绩效指标</td><td rowspan="14">0. 540</td><td colspan="2" rowspan="3">资源综合利用指标</td><td colspan="2" rowspan="3">0. 088</td><td>工业水重复利用率</td><td>0. 012</td></tr>
<tr><td>废气利用率</td><td>0. 055</td></tr>
<tr><td>废渣利用率</td><td>0. 021</td></tr>
<tr><td rowspan="8">污染物控制指标</td><td rowspan="8">0. 160</td><td rowspan="4">废水</td><td rowspan="4">0. 090</td><td>化学需氧量排放量</td><td>0. 012</td></tr>
<tr><td>油类污染物排放量</td><td>0. 009</td></tr>
<tr><td>富营养化污染物排放量</td><td>0. 009</td></tr>
<tr><td>废水排放量</td><td>0. 060</td></tr>
<tr><td rowspan="3">废气</td><td rowspan="3">0. 040</td><td>硫化物排放量</td><td>0. 009</td></tr>
<tr><td>氮氧化物排放量</td><td>0. 007</td></tr>
<tr><td>废气排放量</td><td>0. 024</td></tr>
<tr><td>废渣</td><td>0. 030</td><td>废渣排放量</td><td>0. 030</td></tr>
<tr><td colspan="2" rowspan="3">能源消耗指标</td><td colspan="2" rowspan="3">0. 292</td><td>能耗（电/煤/油/气）</td><td>0. 080</td></tr>
<tr><td>耗新鲜水量</td><td>0. 031</td></tr>
<tr><td>原材料消耗量</td><td>0. 181</td></tr>
</table>

三　钢铁行业循环经济评价指标体系

（一）评价指标的筛选

依据代表行业标准的《钢铁行业清洁生产评价指标体系》、前述钢铁行业基本指标体系及综合绩效构成，得出钢铁行业循环经济评价指标体系内容如表 8－11 所示。

表 8 - 11　　钢铁行业循环经济评价指标体系

	一级指标	二级指标	三级指标
钢铁行业循环经济评价指标体系	经济绩效指标	经营效果指标	净资产收益率
			净利润现金流量比率
			资本保值增值率
		经济发展潜力指标	绿色研发费用投入比率
			先进生产线使用比率
	社会绩效指标	社会责任指标	排放物或污染物引发的社会问题
			社会保障事业
		综合贡献指标	经济结构改善和增加社会就业效果
			对当地科技进步的影响
	环境绩效指标	资源综合利用指标	余热利用率
			含铁沉泥回收利用率
			冶炼渣回收利用率
			工业水重复利用率
		污染物指标	化学需氧量排放量
			石油类排放量
			废水排放量
			二氧化碳排放量
			烟（粉）尘排放量
			冶金废渣排放量
		能源消耗指标	综合能耗（电/煤/油/气）
			工序能耗
			耗新鲜水量
			原材料消耗量

（二）指标权重的确定

按照前述方法，得出钢铁行业循环经济评价指标体系的三级指标权重如表 8 - 12 所示。

表 8－12　　钢铁行业三级指标权重

一级指标	权重值	二级指标	权重值	三级指标	权重值
社会绩效指标	0.163	社会责任指标	0.054	排放物或污染物引发的社会问题	0.037
				社会保障事业	0.017
		综合贡献指标	0.109	经济结构改善和增加社会就业效果	0.065
				对当地科技进步的影响	0.044
经济绩效指标	0.297	经营效果指标	0.198	净资产收益率	0.078
				净利润现金流量比率	0.057
				资本保值增值率	0.063
		经济发展潜力指标	0.099	绿色研发费用投入比率	0.032
				先进生产线使用比率	0.067
环境绩效指标	0.540	资源综合利用指标	0.088	余热利用率	0.012
				含铁沉泥回收利用率	0.040
				冶炼渣回收利用率	0.021
				工业水重复利用率	0.015
		污染物控制指标	0.292	化学需氧量排放量	0.029
				石油类排放量	0.046
				废水排放量	0.049
				二氧化硫排放量	0.074
				烟（粉）尘排放量	0.053
				冶金废渣排放量	0.041
		能源消耗指标	0.160	综合能耗（电/煤/油/气）	0.048
				工序能耗	0.031
				耗新鲜水量	0.039
				原材料消耗量	0.042

四　化工与钢铁行业循环经济评价指标体系对比分析

由以上评价指标体系对比可以看出：（1）相同点：一级、二级指标基本相同，所占权重也基本相同。说明以化工与钢铁行业为代表的高耗能行业的循环经济注重的内容基本相同，即：在追求经济效益的同时，注重环境效益，兼顾社会效益。（2）不同点：①虽然经济指标的三级指标相同，但是行业的评价基准值不同；②环境指标的三级指标侧重的内容不同，评价的基准值及最后权重值也不同。说明钢铁与化工企业虽同为高耗能行业，但是由于原料、工序等的不同，循环经济评价侧重点也不同。

（一）社会绩效指标对比分析

由于钢铁与化工行业同属于高耗能行业，所以在社会绩效指标上具有相同性，即包括社会责任指标与综合贡献指标。由于社会指标为定性指标，没有评价的标准值，所以钢铁与化工行业在此项指标上的对比不能体现在具体量上。

（二）经济绩效指标对比分析

经营效果指标包括净资产收益率、净利润现金流量比率。

经济发展潜力指标方面包括绿色研发费用投入比率、先进生产线使用比率。说明在循环经济前提下，钢铁与化工行业对绿色研发、先进生产线比较重视。

由于行业标准、经营环境等方面的不同，所以钢铁与化工行业经济指标的评价基准值不同。经营效果指标方面：净资产收益率、净利润现金流量比率，钢铁行业为17.3、3.49，而化工行业为9.59、2.49。同时，钢铁行业的资产保值增值率为11.2，化工行业成本费用利润率为7.85，反映了两个行业在循环经济评价指标体系上的不同，同时也反映了两个行业在循环经济研究上的不同。

（三）环境绩效指标对比分析

钢铁行业是典型的流程制造行业，具有很强的连续化作业特点，钢铁行业是一个材料与能源高度密集型行业，既是原料消耗大户，又是能耗大户；一半以上的物料投入以废气、固体废弃料等副产品的形式产出，被排放到环境中产生污染。

化工行业的生产以连续为特点，原料多为有毒、有害、易燃、易爆物质，并且以气体和液体居多，生产系统又多为在高温、高压下进行，有不少的化学反应，同时放出大量的热，污染物多以液体与气体形式排放。

由于两个行业的工艺特点不同，环境指标方面既有相同点，又具有一定差异，主要包括以下几点：

1. 相同点

（1）由于钢铁与化工行业都为材料与能源高度密集的行业，根据工艺特点，都为典型的流程制造行业，所以化工与钢铁行业循环经济环境指标都包括资源综合利用指标、污染物控制指标、能源消耗指标。

（2）资源综合利用指标方面，由于两个行业的工艺流程中都有大量工业水，所以都注重对工业水的重复利用率。

（3）污染物控制指标方面，两个行业都包含废水、废气和废渣三个方面的控制指标。

（4）能源消耗指标上，由于都是高消耗产业，所以都注重原材料消耗量与综合能耗的控制。

2. 不同点

（1）由于钢铁行业工艺多为冶炼工艺，几乎一半的原料都会以废弃料产出，所以其循环经济指标重要度依次为：污染物控制指标、能源消耗指标、资源综合利用指标。而化工行业，生产系统又多为在高温、高压下进行，有不少化学反应，同时放出大量的热。所以其环境指标下的二级指标的重要度依次为能源消耗指标、污染物控制指标、资源综合利用指标。

（2）资源综合利用指标方面：化工行业原料多为有毒、有害、易燃、易爆物质，并且以气体和液体居多，所以主要注重废气利用率指标；而钢铁行业由于冶炼工艺，废弃料多以固体形式排放，所以对冶炼渣回收利用率、含铁尘泥回收利用率上要求更高。

（3）污染物控制指标方面：钢铁行业由于高炉炼铁工艺及煤气湿法洗涤冶炼铁，所以更注重对二氧化硫排放量、废水排放量、石油类排放量、化学需氧量排放量的控制；化工行业的原料多为有毒有害液体或气体，所以对废水排放量、化学需氧量排放量、油类污染物排放量、富营养化污染物排放量控制更为严格。

（4）能源消耗指标上，化工行业原料主要为液体或气体，工艺中产生的废弃料较少，所以更侧重对原材料消耗量的控制；而钢铁行业由于对原料及能源的消耗都较大的特点，对综合能耗控制要求更高。

五 云天化国际公司循环经济发展评价

（一）云天化国际公司概况

云天化国际公司是云天化集团下属控股子公司，云天化国际拥有的具有产能规模位居世界第二、亚洲第一的年产 730 万吨高浓度磷复肥生产线以及近 1000 万吨化肥生产规模。拥有核心的 5 家分公司以及 9 家控股公司，同时具有 8 家参股公司作为整个生产经营组织体系的补充部分。主要有云南、青海、河北等五个主要的生产经营基地，产品覆盖全国大部分地区，并在东南亚、拉美和澳洲等区域具有广阔的国际市场。2010 年，云天化国际总资产达到 197.5 亿元，拥有 13.6 亿元净资产，营业总收入为 176.7 亿元，实现 7.4 亿元利润。

（二）云天化国际公司循环经济实践

1. 硫黄加工余热资源的利用

硫黄是公司主要生产原料，同时也是公司最重要的能源提供者。硫黄制酸装置均采用余热蒸气透平工业汽轮机拖动风机工艺技术，并配套 3 套 3000 千瓦的硫酸余热发电装置。一方面，通过利用其余热发电为公司节约了电费支出 5521.41 万元（余热发电共 23395.82 万千瓦时）；另一方面，公司产品生产使用硫黄制酸装置提供的蒸气。公司在 60 万吨/年硫黄制酸装置上进行低温位热能回收，并新增了 15MW 的余热发电装置。4 台燃煤锅炉全部停产，年减少标煤耗量 2.3 万吨，有效地降低了燃煤的使用，节约了能源资源。

2. 电机系统节能改造

全部淘汰了生产装置上的 JO 系列、JR 系列等落后低效电机。低压变频器应用量 183 台，功率 0.55—160 千瓦，合计装机功率 5400 千瓦。2007 年 9 月技改完成后，改造区域照明总功率由 102.42 千瓦降至 52.975 千瓦，节电率为 48.28%。按平均节电 25% 计算，年节电 970 万千瓦时，折合标准煤 1192 吨。

云天化国际公司在“十二五”发展循环经济发展规划中，制定了云天化国际公司循环经济发展流程图，如图 8－8 所示。

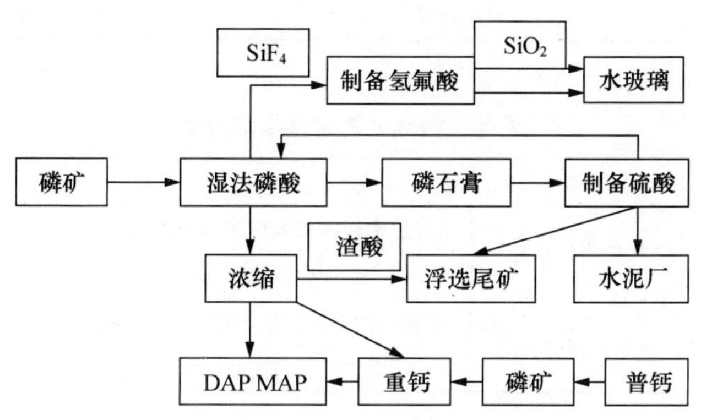

图 8－8　云天化国际公司循环经济发展流程

（三）云天化国际公司循环经济指标体系评价

云天化国际公司循环经济各定量指标数据见表 8－13。各定性指标按影响程度划分的五等标准，各三级指标数值见表 8－14。由表 8－13 可以看到：

表 8－13　云天化循环经济定量指标分值

一级指标	二级指标	三级指标	单位	企业实际值	基准值	评价指数
经济绩效指标	经营效果指标	净资产收益率	100%	8.95	9.59	0.93
		净利润现金流量比率	100%	2.57	2.49	1.03
		成本费用利润率	100%	7.46	7.85	0.95
	经济发展潜力指标	绿色研发费用投入比率	100%	35	30	1.17
		先进生产线使用比率	100%	80	90	0.89
环境绩效指标	资源综合利用指标	工业水重复利用率	100%	95	90	1.05
		废气利用率	100%	95	90	0.95
		废渣利用率	100%	100	100	1
	污染物控制指标	COD 排放量	kg/t	0.04	0.05	1.25
		油类污染物排放量	kg/t	0.070	0.075	1.07
		富营养化污染物排放量	kg/t	0.15	0.1	0.67
		废水排放量	t/t	0.7	0.5	0.71
		硫化物排放量	kg/t	9.5	9.6	1.01
		氮氧化物排放量	kg/t	4.5	5	1.11
		废气排放量	Nm^3/t	2500	2300	0.92
		废渣排放量	t/t	0.15	0.18	1.2
	能源消耗指标	能耗（电/煤/油/气）	kgce/t	120	140	1.16
		耗新鲜水量	t/t	2.5	3.0	1.2
		原材料消耗量	t/t	4	3.5	0.87

表 8－14　云天化循环经济定性指标分值

一级指标	二级指标	三级指标	分值
社会绩效指标	社会责任指标	排放物或污染物引发的社会问题	0
		社会保障事业	0.8
	综合贡献指标	经济结构改善和增加社会就业效果	0.8
		对当地科技进步的影响	0.4

在经济指标方面，云天化国际公司在净利润现金流量比率、绿色研发费用投入比率方面要优于行业循环经济基准值，达到了先进水平；而在其他三个方面则略低于基准值。

在环境指标方面，云天化国际公司在化学需氧量排放量、氮氧化物排放量、能耗（电/煤/油/气）、耗新鲜水量方面达到了先进水平；而在富营养化污染物排放量、废水排放量、原材料消耗量方面与基准值有一定差距。

按照上述指标权重与评价方法，计算得出云天化国际公司循环经济综合发展指标值为0.88，结果见表8－15。由表8－8可知，该化工企业循环经济发展处于第2级，即循环经济发展水平较高，主要体现在资源综合

表8－15　　　　云天化国际循环经济综合评价

一级指标	二级指标	三级指标	单位	企业实际值	基准值	权重值	评价指数	评分
社会绩效指标	社会责任指标	排放物或污染物引发的社会问题				0.037	0	0
		社会保障事业				0.017	0.8	0.014
	综合贡献指标	经济结构改善和增加社会就业效果				0.065	0.8	0.052
		对当地科技进步的影响				0.044	0.4	0.017
经济绩效指标	经营效果指标	净资产收益率	100%	8.95	9.59	0.078	0.93	0.073
		净利润现金流量比率	100%	2.57	2.49	0.057	1.03	0.058
		成本费用利润率	100%	7.46	7.85	0.063	0.95	0.060
	经济发展潜力指标	绿色研发费用投入比率	100%	35	30	0.032	1.17	0.037
		先进生产线使用比率	100%	80	90	0.067	0.89	0.060
环境绩效指标	资源综合利用指标	工业水重复利用率	100%	95	90	0.012	1.05	0.013
		废气利用率	100%	95	90	0.055	0.95	0.050
		废渣利用率	100%	100	100	0.021	1	0.021
	污染物控制指标	化学需氧量排放量	kg/t	0.04	0.05	0.012	1.25	0.015
		油类污染物排放量	kg/t	0.070	0.075	0.009	1.07	0.009
		富营养化污染物排放量	kg/t	0.15	0.1	0.009	0.67	0.006
		废水排放量	t/t	0.7	0.5	0.060	0.71	0.043
		硫化物排放量	kg/t	9.5	9.6	0.009	1.01	0.009
		氮氧化物排放量	kg/t	4.5	5	0.007	1.11	0.007
		废气排放量	Nm^3/t	2500	2300	0.024	0.92	0.022
		废渣排放量	t/t	0.15	0.18	0.030	1.2	0.036
	能源消耗指标	能耗（电/煤/油/气）	kgce/t	120	140	0.080	1.16	0.093
		耗新鲜水量	t/t	2.5	3.0	0.031	1.2	0.037
		原材料消耗量	t/t	4	3.5	0.181	0.87	0.15
		综合评价值						0.88

利用方面与污染物控制方面。但应看到，该企业废气与废水排放量比行业先进水平高，原材料消耗量比行业先进企业多，这些指标的提高即是企业下一步的改进方向。

六　昆明钢铁控股公司循环经济发展评价

（一）公司概况

昆钢是一个涉及煤化工、钢铁冶金、水泥建材等领域的大型国有企业集团，综合生产能力为700万吨。它是云南省最大的钢铁企业，云南省重点培育的十家大型工业企业之一，同时也是国家特大型520重点国有企业之一。其下属的云南昆钢嘉华水泥建筑材料有限公司是一家合资公司，是云南省最大的水泥生产企业；其下属的昆明焦化煤气厂时云南最大的焦炭生产企业，负责昆明200多万居民的生活煤气供应和向昆钢的钢材生产提供焦炭。2009年实现销售收入410亿元、利税28亿元，工业增加值57亿元。

（二）公司循环经济发展实践

作为高耗能企业，昆明钢铁控股有限公司在2001年被列为云南省清洁生产试点单位后，按试点的具体要求积极开展清洁生产工作。2002—2004年，被选定为试点单位的几个分公司逐步通过了省环保局和省经委的清洁生产审核，并获得一致好评，审核报告共提出103项清洁生产方案实施方案，已进行技术改造、大中修检或进行专项环保计划的35项。其中重点环保节能项目在随后几年也已逐步实施，如2006年2月3个380立方米高炉煤气干法除尘投入使用；2006年3月建成焦化干熄焦项目已经投入生产；2006年11月，转炉煤气回收项目在三炼钢厂投入使用；这些项目在通过实施后，取得了很好的经济与社会效益，为继续开展清洁生产工作打下了坚实基础。

1. 主要污染物治理情况

（1）废气处理。昆钢对其主要的十个工业炉窑，累计配置了57台（套）各类除尘设施，根据生产工艺和污染源情况，进行了不同的处理方式，废气处理能力达到460万立方米/小时。

（2）废水处理。重点建设19台（套）废水处理设施，对生产废水全部进行处理和回用，累计处理废水2.6万万立方米/小时。

（3）工业废渣处理。多年来，对炼铁、炼钢过程中产生的废渣进行综合处理。如对瓦斯灰、瓦斯泥、转炉污泥等含铁沉泥进行了合理处置、回收利用，有效防止了废渣污染，并提高了废渣的利用率。

（4）噪声处理。昆钢公司对生产过程产生的噪声污染进行了处理，且都达到国家相关标准。

2. 积极进行科研活动，为循环经济的发展提供支撑

近些年来，昆钢先后举行了“余热资源调研活动”“‘三废’排放调研活动”“炼钢石墨碳治理研究”“转炉钢渣闷罐法处理研究”“冷固结球团工业性试验”“煤的选择性破碎及煤调湿调研”等科研项目，对昆钢在生产过程中的节能、余热回收、余能循环利用、降耗等提供了理论依据，并取得了很好的效果。

3. 新工艺、新技术的应用

昆钢主要应用了连铸坯热送热装、高炉煤气余压发电、干熄炉、高温空气燃烧、烧结机头磁性密封、厚料层烧结、烧结协同钝化焦炭、煤气与空气双预热、高效连铸、钢包浇铸、切分轧制、在线余热处理等新技术、新工艺，有效降低生产过程的能耗。

（三）公司循环经济指标体系评价

昆明钢铁控股公司循环经济各定量指标数据见表 8－16。定性指标由五等划分标准，结合实际调查，得出各指标数值，见表 8－17。由表 8－16 可以看到：

1. 经济指标

昆钢在经营效果指标上低于基准值，与国内领先钢铁企业还有差距，不过这种差距比较小。在经济发展潜力方面，昆钢在绿色研发费用投入比率上已经与国内先进企业相同，先进生产线的使用比率上也接近国内领先钢铁企业。

2. 环境指标

昆钢在资源综合利用方面等于或高于基准值，处于国内先进水平；而在污染物控制指标方面，化学需氧量排放量、烟尘排放量、废水排放量三个指标处于国内先进水平，石油类排放量、二氧化硫排放量、冶金废渣排放量与标准值尚有较大差距；在能源消耗指标上，原材料消耗量、耗新鲜水量两个指标已处于国内先进水平，但在综合能耗、工序能耗上还有一定的差距。根据第三章的指标权重与评价方法，计算出昆钢国际控股公司循环经济综合发展指标值为 0.89，结果见表 8－18，由表 8－18 可知，循环经济发展处于第 2 级，即循环经济发展水平较高，但循环经济水平还不处于行业领先水平。在综合能耗指标上也与比行业先进企业有一定的差距。

表 8－16　　昆钢循环经济定量指标分值

一级指标	二级指标	三级指标	单位	企业实际值	基准值	评价指数
经济绩效指标	经营效果指标	净资产收益率	100%	16.7	17.3	0.97
		净利润现金流量比率	100%	3.32	3.49	0.95
		资本保值增值率	100%	9.87	11.20	0.88
	经济发展潜力指标	绿色研发费用投入比率	100%	35	35	1
		先进生产线使用比率	100%	85	90	0.94
环境绩效指标	资源综合利用指标	余热利用率	100%	70	70	1
		含铁沉泥回收利用率	100%	100	100	1
		冶炼渣回收利用率	100%	100	100	1
		工业水重复利用率	100%	97	95	1.02
	污染物控制指标	化学需氧量排放量	kg/t	0.2	0.2	1
		石油类排放量	kg/t	0.006	0.005	0.83
		废水排放量	t/t	2.2	3	1.36
		二氧化硫排放量	kg/t	1.9	1.0	0.53
		烟（粉）尘排放量	kg/t	0.8	1.3	1.63
		冶金废渣排放量	kg/t	0.13	0.1	0.77
	能源消耗指标	综合能耗（电/煤/油/气）	kgce/t	650	560	0.86
		工序能耗	t/t	210	175	0.83
		耗新鲜水量	t/t	6	6.0	1
		原材料消耗量	t/t	1.1	1.10	1

表 8－17　　昆钢循环经济定性指标分值表

一级指标	二级指标	三级指标	分值
社会绩效指标	社会责任指标	排放物或污染物引发的社会问题	0
		社会保障事业	0.8
	综合贡献指标	经济结构改善和增加社会就业效果	0.8
		对当地科技进步的影响	0.2

表 8－18　　昆钢循环经济综合评价

一级指标	二级指标	三级指标	单位	企业实际值	基准值	权重值	评价指数	评分
社会绩效指标	社会责任指标	排放物或污染物引发的社会问题				0.037	0.00	0
		社会保障事业				0.017	0.8	0.014
	综合贡献指标	经济结构改善和增加社会就业效果				0.065	0.8	0.052
		对当地科技进步的影响				0.044	0.2	0.009
经济绩效指标	经营效果指标	净资产收益率	100%	16.70	17.3	0.078	0.97	0.075
		净利润现金流量比率	100%	3.32	3.49	0.057	0.95	0.054
		资本保值增值率	100%	9.87	11.20	0.063	0.88	0.055
	经济发展潜力指标	绿色研发费用投入比率	100%	35	35	0.032	1.00	0.032
		先进生产线使用比率	100%	85	90	0.067	0.94	0.062
环境绩效指标	资源综合利用指标	余热利用率	100%	70	70	0.012	1.00	0.012
		含铁沉泥回收利用率	100%	100	100	0.040	1.00	0.040
		冶炼渣回收利用率	100%	100	100	0.021	1.00	0.021
		工业水重复利用率	100%	97	95	0.015	1.02	0.015
	污染物控制指标	化学需氧量排放量	kg/t	0.2	0.2	0.029	1.00	0.029
		石油类排放量	kg/t	0.006	0.005	0.046	0.83	0.038
		废水排放量	kg/t	2.2	3	0.049	1.36	0.066
		二氧化硫排放量	t/t	1.9	1	0.074	0.53	0.039
		烟（粉）尘排放量	kg/t	0.8	1.3	0.053	1.63	0.086
		冶金废渣排放量	kg/t	0.13	0.1	0.041	0.77	0.031
	能源消耗指标	综合能耗（电/煤/油/气）	kgce/t	650	560	0.048	0.86	0.041
		工序能耗	t/t	210	175	0.031	0.83	0.025
		耗新鲜水量	t/t	6.0	6.0	0.039	1.00	0.039
		原材料消耗量	t/t	1	1	0.042	1.00	0.042
		综合评价值						0.89

七　云天化与昆钢循环经济综合评价结果对比分析

由表 8－15 与表 8－18 的对比分析可以看出：

（1）相同点：①两个企业的循环经济发展水平都较高，云天化国际公司为 0.88、昆钢控股公司为 0.89；②两个企业综合评价结果显示，循环经济得分最高的都为环境指标，其次为经济指标，最后为社会指标。说明两个企业循环经济发展注重的内容基本相同，也验证了第三章的结论。

（2）不同点：①两个企业经济指标有较大的差异，云天化国际公司为0.228、昆钢控股公司为0.278。反映了两个公司在经营效果上的不同。②环境指标由于三级指标侧重的内容不同，两个企业的评价结果也不同，云天化国际公司得分最高的是能源消耗指标，达到0.28；而昆钢控股公司表现最好的是污染物控制指标，分数为0.289。这一结果与第三章得出的结论相同，即钢铁与化工企业虽同为高耗能行业，但是由于原料、工序等不同，循环经济评价的侧重点也不同，得出的评价结果也不同。

（一）社会绩效指标评价结果对比分析

由于社会绩效指标为定性指标，没有评价的标准值，企业实际值也无法测量。在实际综合评价中，考虑两个公司都属于高耗能行业公司，又是云南省的大型重工业公司，所以在进行社会指标评价时，得出了相同的评价结果。

（二）经济绩效指标评价结果对比分析

经营效果指标方面：两个企业得分最高的都是净资产收益率，昆钢为0.075、云天化为0.073。说明在经营效果指标上，两个企业都注重净资产收益率，实际的效果也较好。但是也可以看出，两个行业的标准值差别较大，企业的实际值差别也大，反映了两个行业的不同。

经济发展潜力指标方面：两个企业评价结果近似，昆钢为0.094、云天化为0.097。但钢铁行业绿色研发费用投入比率标准值较高，说明钢铁行业在这个指标上较化工行业先进。云天化公司这一指标在化工行业处于领先水平。

（三）环境绩效指标评价结果对比分析

虽然两个企业在环境绩效指标评价结果分值上差别不大，云天化国际公司为0.511、昆钢控股公司为0.524。但是两个企业在二级指标的得分上有较大差异，云天化公司二级指标评价值最高的为能源消耗指标，为0.28；昆钢控股公司评价值最高的为污染物控制指标，为0.289。资源综合利用指标方面，两个公司得分近似，分别为0.084、0.088。反映了两个企业在循环经济下侧重点不同，昆钢控股公司更加注重污染物的控制、云天化国际公司更注重能源的消耗控制，这一结果也与第三章得出的结果相同。

资源综合利用指标方面：虽然两个企业在此指标上评分近似，但在三级指标上云天化国际公司主要注重废气利用率、废渣利用率三个指标上，分值为0.05、0.021；昆钢控股公司则对含铁沉泥回收利用率、冶炼渣回收利用率上要求更高，分值分别为0.04、0.021。相对来说，在工业水重复利用率指标上，两个企业分值都较低。

污染物控制指标方面：两个企业在这一指标的评价结果上差别很大。昆钢控股公司的分值约为云天化公司分值的两倍，与权重值结果类似。说明在评价循环经济水平上，两个行业侧重点的不同。昆钢控股公司得分最高的为烟（粉）尘排放量，为0.086，云天化国际公司得分最高的为废水排放量，为0.043。按评分高低排序，昆钢控股公司为烟（粉）尘排放量、废水排放量、二氧化硫排放量、石油类排放量，云天化国际公司为废水排放量、废渣排放量、废气排放量、化学需氧量排放量，说明两个企业在循环经济综合评价中的不同，进而反映了钢铁与化工行业的不同。主要是由于两个行业的原材料、工序、产生的废弃物的不同而造成的。

能源消耗指标方面：在这一指标上，云天化国际公司得分值远高于昆钢控股公司，主要是由于化工行业在这一指标上权重值高造成的。云天化国际公司得分最高的为原材料消耗量指标，为0.15，但是云天化国际公司在化工行业低于先进水平。昆钢控股公司得分最高的也为原材料消耗指标，但分值为0.42，远低于云天化的0.15。同时可以看出，昆钢控股公司在原材料消耗指标上处于钢铁行业先进水平。

（四）结论

从以上的比较结果可以看出，钢铁与化工企业虽同为高耗能行业，但是由于原料、工序特点等的不同，循环经济评价的侧重点既有相同之处，也有不同的地方。

社会指标与经营指标方面，主要是看重企业的经营状况及对社会的影响度，云天化国际公司与昆钢控股公司都属于资源型产业范畴，且都为云南的大型企业，所以这两个指标评价结果具有一定的相同性。

环境指标方面，虽然两个企业的评价结果相近，且两个公司在资源综合利用上相似，但是，云天化国际公司最注重能源消耗指标，而昆钢控股公司更注重污染物控制指标。

所以可以得出，在对化工与钢铁行业循环经济指标体系评价过程中，必须对社会指标与经营指标进行评价，且两个行业的评价指标具有一定相似性。而对于环境指标方面，化工行业主要注重能源消耗指标，特别是原材料消耗；而钢铁行业主要注重污染物控制指标，特别是烟（粉）尘排放量与废渣排放量。

由于化工行业的产品如汽柴油燃料、烯烃及余热可以为钢铁行业提供必需的能源，而钢铁行业又为化工设备的制造提供重要的原材料，两个行业具有一定的产业链协同关系，在进行循环经济协同发展的过程中，可以将化工行业的副产品、余热等提供给钢铁行业；钢铁行业将石油类排放物、冶炼副产品回收加工，提供给化工行业，从而提高两个行业的循环经济水平，降低能源消耗与环境污染。

第三节 长春汽车产业开发区循环经济发展案例分析

长春汽车产业开发区（工业园区）位于长春市区西南部，总体规划面积120平方公里，其中建成区为24平方公里建成区。建成区及周边地区涵盖了一汽大众、一汽解放、一汽轿车等多个主机厂，以及300多家汽车零部件企业和及多家汽车改装企业，构成国内外知名的汽车制造产业集群；中国机械工业第九设计院、一汽技术中心、吉林大学汽车学院等汽车研发教育机构成为开发区发展的智力保障；汽车零部件交易集散地、东北地区最大的汽车、二手车交易市场等构成了完善的汽车后市场服务区。根据发展定位，长春汽车产业开发区承担的主要职能为：（1）通过发挥长春汽车产业开发区载体平台的作用，吸引国内外汽车零部件企业，整合汽车产业资源，扩大产业集聚效应，进一步提高产业综合实力，为建设国际汽车城奠定基础；（2）通过开发区发展建设，推动老城区改造，加快郊区城市化进程，扩大城市规模，建设一个具有鲜明特色的长春西南部现代化新城区；（3）承接一汽剥离社会职能，大幅降低其运营成本，加快走上国际化竞争行列的进程，如图8－9所示。

一 长春汽车产业开发区发展历程、现状和目标

（一）发展历程

长春汽车产业开发区成立于2005年9月，是中共长春市委、长春市人民政府（以下简称市委、市政府）与一汽集团合作共建的开发区。开发区由一汽集团建成区（一汽主厂区、绿园区锦程街道、高新区汽车研发园）和原长春汽车经济贸易开发区、绿园汽车产业开发区、公主岭市范家屯经济开发区3个省级开发区组成。经国务院批准，长春汽车产业开发区于2011年1月7日正式晋升为国家级开发区，并更名为长春西新经济技术开发区。

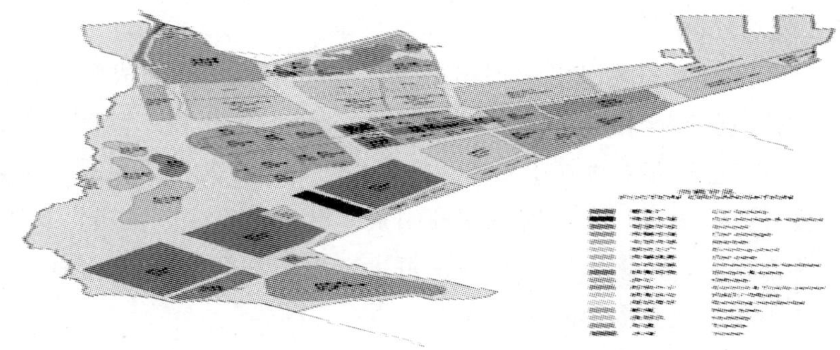

图 8－9　长春西新经济技术开发区功能分区

2006 年，全区 GDP 完成 86 亿元；引进内资 23 亿元，外资 7400 万美元，所有主要经济指标均超额完成市里下达的任务。

2007 年，全区 GDP 完成 136 亿元；实际利用内资同比增长 122.9%；实际利用外资同比增长 149%。两年时间内全区的 GDP、财政收入、固定资产投资实现翻番，实际利用内资增长 9 倍，利用外资增长近 3 倍。

2008 年上半年，全区 GDP 完成 119.8 亿元；规模以上工业总产值 445 亿元，同比增长 26%；固定资产投资同比增长 39.7%；实际利用内资同比增长 86%。下半年区内项目建设巨星闪耀，亮点更多。

表 8－19　长春市与汽车开发区相关的汽车企业情况

序号	类别	数量（个）		序号	类别	数量（个）	
		长春市全市	汽车产业开发区内			长春市全市	汽车产业开发区内
1	整车	2	2	1	维修	81	12
2	改装车	17	6	2	经销	710	426
3	摩托车	1	0	3	零部件检测	1	1
4	车身及附属装置	148	77	4	专业研发	4	2
5	底盘及零部件	84	48	合计	汽车售后服务企业	796	441
6	发动机及零部件	37	14				
7	其他	41	15				
合计	整车及零部件企业	330	162				

（二）发展现状

长春汽车产业开发区以平均每年38%的速度增长，已经成为长春市汽车产业的核心区和增长极——以整车制造企业为核心，汽车零部件企业及上下游配套产业逐步在地域上聚集，集研发、制造、物流、贸易、服务于一体的强势产业集群。全区通过招商引资，已经拥有多家主机厂、300多家汽车零部件企业及多家改装企业，可生产汽车零部件5000多种。发展成果来之不易，经验取得耐人寻味。

此外，区内还形成了日系、欧美、新能源及汽车电子等多个特色工业园区，形成了多系列多个品牌及多个车型的汽车产业集群，给欧美日车企带来了发展空间。

（三）发展规划及目标

据规划，开发区由“三翼”——南翼、北翼和中心发展翼三部分组成。其中“中心发展翼”包括核心功能和居住功能，南北两翼以工业功能为主。核心区和居住区以绕城高速公路为主要界线，绕城高速以内为核心区，承担商务办公、汽车集中展示和销售、研发、教育培训等功能；绕城高速公路以外为居住区，由四个居住岛组成。南翼承担改装车生产、汽车零部件生产和汽车物流，北翼为承担汽车零部件出口和整车生产。

到“十二五”期末，将汽车区建设成为国际区域整车产能最大、核心零部件实力最强、研发能力一流、管理服务国际化的世界级汽车产业基地；建设成为城市功能丰富、服务体系完善、产业协调发展、汽车文化繁荣、社会事业发达的国际汽车城示范区；建设成为生态环境优良、人居环境优美、城市形象与城市品位显著提升的现代化生态宜居新城区，表8-20为长春汽车产业开发区“十二五”发展目标。

表8-20　长春汽车产业开发区“十二五”发展目标

目标	生产总值（亿元）	工业总产值（亿元）	全口径财政收入（亿元）	实际利用内资（亿元）	实际利用外资（亿美元）
总值	900	2600	100	190	9
累计总值	3200	8800	350	700	32
平均增速(%)	22	23	23	20	20

资料来源：长春西新经济技术开发区概况资料整理，http：//www.caida.gov.cn/Channel_14/index.shtml。

二　长春汽车业开发区循环经济发展现状和模式

（一）开发区循环经济发展现状

通过五年的发展，长春汽车产业开发区在循环经济方面也做出了诸多努力。一汽集团公司建立了自用的循环经济系统，包括一汽铸造公司、铝合金锭生产线、液态铝合金生产基地、集中处理站、处理场等，对工业固体废弃物、工业废液、废旧金属以及中水进行回收后再循环利用，现有循环经济体系如图 8－10 所示。

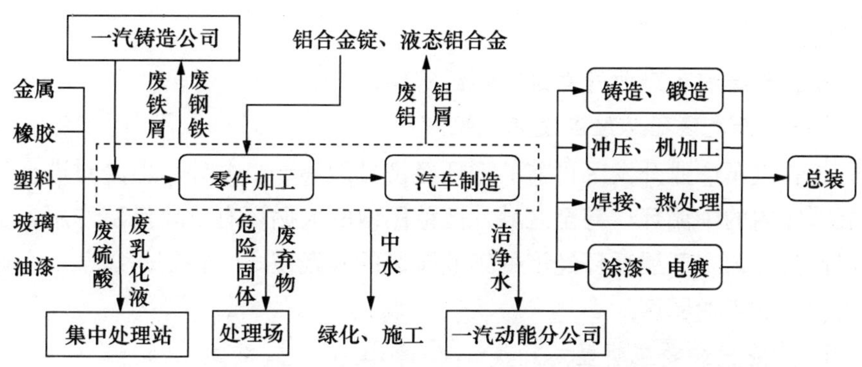

图 8－10　长春汽车产业开发区现有循环经济体系

（1）废钢铁和钢铁屑。将每年回收的近 2/3 废钢铁经过打包、剪切、气割等预处理得到的废钢铁和钢铁屑并加工成铸造进行回收利用，供应给一汽铸造公司，作为生产铸钢产品的主要原料。

（2）废铝和铝屑。投资建设了年产为 2000 吨的铝合金锭生产线以及年产为 12 万吨液态铝合金生产基地对工业废铝和铝屑进行回收利用。

（3）废硫酸和废乳化液。建设了集中处理站对生产过程中产生的废硫酸和废乳化液进行回收利用和无害化处理。

（4）危险固体废弃物。建设了处理场对危险固体废弃物进行回收，并严格按照国家规定进行无害化处理。

（5）中水。对二级水通过采用加药气浮、过滤吸附等工艺进行深度处理，使之达到中水水质，作为绿化和施工用水；采用超滤和反渗透膜处理技术，去除中水中的胶体和离子，使之达到洁净水水质，用于一汽动能分公司热力锅炉补充用水。

（二）开发区循环经济发展模式

长春汽车产业开发区中虽然有诸多成员企业，但实际开展循环经济的只有一汽集团，目前实施的是园区范围内龙头企业的清洁生产模式，而一汽集团内四大综合利用公司和生产基地则与汽车生产基地形成纵向耦合，形成共生产业链。集中处理站和处理场的建立都为一汽集团所属的企业服务，没有将园区内的零部件生产企业、居民社区及配套产业结合起来，没有实现园区层面的生态产业园区模式，更没有实现区域社会的汽车产业集群。所以，长春汽车产业开发区目前的循环经济模式属于小循环，是循环经济的初级形式。

三　长春汽车产业开发区循环经济评价

（一）开发区循环经济发展成果

长春汽车产业开发区目前的循环经济虽然属于小循环，但是对进一步发展园区内的中循环，甚至区域社区范围内的大循环有重要借鉴作用，也可以作为国内未开展循环经济的工业园区的实践模式，特别是以某一企业作为龙头的工业园区。

1. 产业集群效应明显

经过五年的发展，长春汽车产业开发区已经成为国内重要的汽车产业集群，也是比较有中国特色的汽车产业园区，产业集聚为进一步发展循环经济提供了良好的客观条件，有助于以汽车制造为核心延伸产业链，将全区循环经济发展与长春市乃至更大区域的企业或园区结合起来，构建完善的产业生态网络，实现物质、能量和信息的顺畅流动和充分利用。

2. 资源节约成效显著

通过一汽集团五年的发展，已经在企业内产生较大的经济效益和社会效益，有助于鼓励园区内其他企业加入发展循环经济的行列中，或者是与一汽集团通过单向物质交易的形式或者是以双向互惠互利的交易形式进行合作，运用规模经济原理对园区内或区域内的废弃物进行再利用。

（二）存在的问题

1. 开发区的总体规划有待改进

目前，长春汽车产业开发区的总体规划以整车、零部件、城市功能为核心的三翼设计方案，没有考虑汽车再制造环节这一重要环节，没有实现汽车产业的闭环。为保证三翼设计方案实施的七大支撑系统——汽车研发、汽车物流、汽车营销、汽车人员培训、汽车文化、公用设施及信息服务系统尚缺乏统一的管理信息，为此，应建立包含汽车再制造在内的双侧对翼的汽车产业开发区规划。

2. 生态网络建设不健全

目前，开发区的循环经济建设是以一汽集团为主，没有将其他成员企业加入进来，造成资源的严重浪费，并增加一汽集团资源综合回收利用成本。而且开发区以产品研发、零部件制造和整车生产为主，没有相关企业及下游产业作为园区发展循环经济的基础支撑。

3. 信息管理系统有待完善

开发区内信息系统以单个企业的独立信息系统为主，没有建立废弃物交换系统，物质、能量、资金和信息没有进行合理流动，导致循环经济规模经济效益不明显，甚至成为各个企业负担。

（三）长春汽车产业开发区循环经济推行措施

1. 完善汽车产业体系，壮大汽车产业集群

（1）完善汽车产业体系。目前长春汽车产业开发区已经形成集汽车整车制造、零部件生产和配套产业为核心的三翼发展结构，不能支撑开发区循环经济的可持续发展，因此，应该将汽车再制造产业纳入设计方案中，形成四翼结构，实现汽车产业的闭环，同时也为开发区带来新的经济增长点。

（2）构建汽车产业生态网。采用生态重组、工业代谢分析、物质流分析、配合采用空间规划等方法，物质集成、水集成、能源集成、技术集成、设施共享等技术手段，以一汽集团已有的四大综合利用公司和生产基地为基础，对长春汽车产业开发区现有循环经济系统进行生态化改造，对水资源、能源及粉煤灰的综合利用作进一步的研究，生态化改造规划如图 8－11 所示。

图 8－11 中，热电厂是该生态系统的核心。（1）水集成。生产和生活污水统一收集至污水处理厂进行处理；回收的中水一部分用于热电厂所需的冷却用水和锅炉补给用水，另一部分用于开发区绿化及景观用水；热电厂的生活废水经简单处理和中水用于生产水泥砌块。（2）物质集成。居民生活垃圾送至开发区外的垃圾电站焚烧发电；热电厂产生的粉煤灰送至区外的水泥公司用于生产水泥，供给水泥砌块生产厂，用于生产水泥砌块；生产的水泥、砌块可用于开发区的建筑和市政工程建设。（3）能源集成。垃圾电站所发的电力通过城市网供全市使用。

长春汽车产业开发区应加强与区外汽车企业、长春专用汽车产业园的合作，打造中国的“汽车城”和具有国际优势的长春汽车产业集群，同时应积极与天津、上海、广州等国内汽车产业发展地区进行交流，与国外先进国家建立良好的合作关系，吸取先进的开发研究知识和经验。

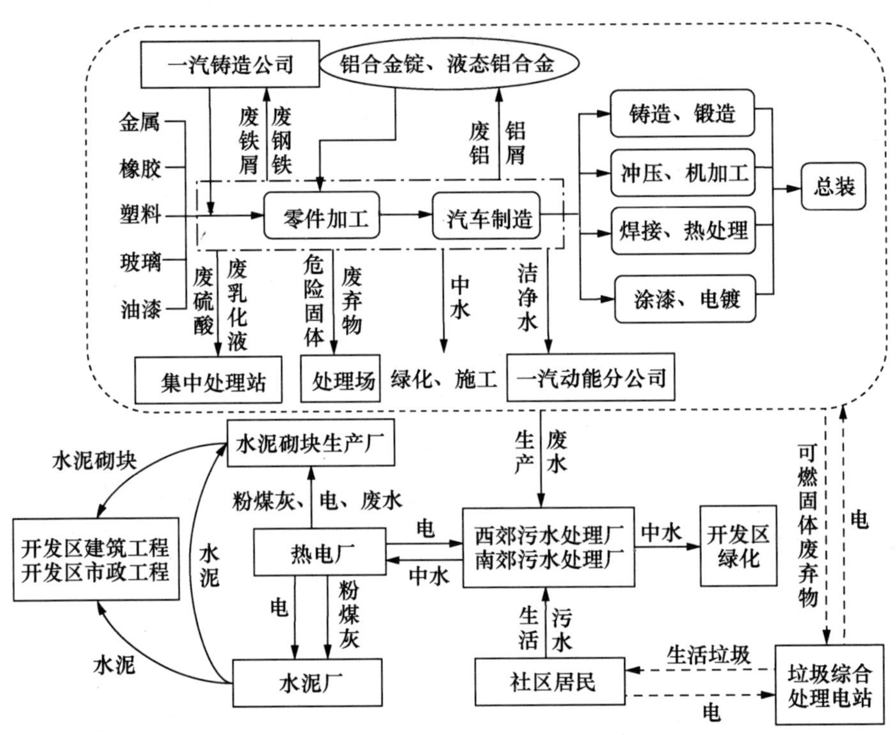

图 8 – 11　长春汽车产业开发区生态化改造规划

资料来源：韩良、宋涛、佟连军：《汽车产业园区生态化模式研究与应用——以长春汽车产业开发区为例》，《地理研究》2006 年第 7 期。

2. 加快科技转化，推进汽车产业技术创新

（1）建立现代化信息服务体系。应用先进信息技术，建立网络服务系统，实现信息共享。开发区应健全包括基础数据库系统、数据分析系统和决策支持系统在内的循环经济发展信息系统；采用现代化的信息采集、传输、管理、分析与处理手段；加强信息的集成、发布和使用。

（2）建立以企业为主体的技术创新体系。采取多种方式，如借助开发区与大专院校、科研院所的合作与交流；借助改造、改制、改组机遇，

加大对企业技术中心的投入力度；对原有企业技术开发机构进行重组，充实必要的试验测试手段，逐步组建。采取措施，充实必要的人员和科研开发手段，改善工作环境，组建以企业为主体的技术创新体系，完善企业技术体系，攻克技术难题。

（3）加大技术开发投入。充分利用国家和省市优惠政策，开源节流，拓宽融资渠道，增加企业技术开发投入，为企业技术创新提供资金保障。逐步提高企业技术开发投入在销售收入中的比重，大中型企业的技术开发投入占销售收入的比重应达到3%，其中高新技术企业要达到5%以上。

3. 完善软环境，推行循环经济

（1）发展中介服务。利用开发区管委会的资源，帮助企业加强与大学和研究机构的合作与联系，为产学研的联合发展奠定基础，推进企业技术创新的持续发展。发展中介服务，拓宽融资渠道，减轻企业融资负担和融资风险。通过建立汽车行业协会、技术发展研究中心等，逐步实现区内的社会化服务功能。

（2）转变政府职能 。应明确开发区管委会在循环经济中的作用，除了为开发区进行日常服务外，还要起到监督、管理、规范和引导的作用，加强循环经济的宣传教育，提高全民资源意识，定期对园区企业的相关技术人员进行循环经济培训，每年披露园区内各企业循环经济运行情况。开发区进行生态化改造的生态网中四个核心项目的平均投资回收率只有2.04%，因此需要政府在价格、税收、土地等方面给予相应的优惠政策支持。同时运用各种管理手段，包括直接管制、经济激励、自愿参与和信息公开等手段，优化资源配置，推行循环经济。

第九章　结论与展望

第一节　结论

通过本书的系统研究，得出如下结论：

（1）制造业产业链的上游产业是资源型产业，也可称为高耗能产业。资源型产业循环经济发展的重点是：第一，严格控制污染达标排放；第二，不断提高“三废”回收利用水平；第三，积极促进能耗和物耗的减量利用，实现减排。实施路径是实现三个层面的循环：第一，企业内部的清洁生产（小循环），即通过企业内部的节能、节水、节约原材料、优化生产工艺、建立紧凑和高效循环的生产流程等措施实现节能、降耗、减排，不断提高废水循环利用、废气有价物回收利用、固体废弃物综合利用。第二，生态工业园区的中循环，即通过工业园区的生态化改造，不断延伸生态产业链，实现生态产业链之间的横向耦合，形成闭合产业链和生态工业网络，使工业废弃物在产业之间循环利用。第三，社会层面的“大循环”，即实现生产、消费过程中的废旧物料回收再利用，使企业成为社会上废弃物的无害化处理中心和循环利用中心，加强和完善废旧金属的社会网络回收体系建设。在资源型产业的循环经济指标体系设计中，降低能耗、提高矿产资源利用率、“三废”排放控制和再利用、降低水耗等。

（2）中、下游产业作为中间产品和终端消费品产业，有着产业链长、供应链管理、废旧产品回收责任逐渐加大的产业特征。这一类产业特别重视产品生命周期的绿色管理、绿色供应链管理、产品拆卸回收等问题。中间产品的循环经济模式表明，机电类中间产品与石化类中间产品的特征有所不同，机电类中间产品偏向于终端消费品产业，例如，发动机的再制造开始得到重视并付诸实践，而石化类中间产品的特征偏向于资源型产业，解决“三废”的排放和回收依然是重要问题。终端消费品产业的循环经济模式表明，废旧产品回收、再制造、绿色设计等得到企业和社会的广泛重视，其中，汽车产业相对家电产业而言，产业链更长，供应链管理作用更大，由于价值更大，其中间零部件的再制造受到更多关注和重视；而家电产业由于产品数量大、报废或淘汰产品多，其废旧产品回收问题显得更紧迫。

（3）制造业产业链不同环节循环经济工作的主线都是节能、减排、降耗、废弃物回收等工作，但各项工作所占的比重及侧重点有很大不同。主线相同是建立统一的循环经济指标体系框架的基础，不同的工作重点可以通过循环经济指标选择来反映。循环经济指标体系的统一模型可以分为基于生产链的制造业产业链循环经济指标体系统一模型与基于综合绩效的制造业产业链循环经济指标体系统一模型两种。两种指标体系基于不同视角，各有特点，可以视情况选用。相对而言，基于综合绩效的制造业产业链循环经济指标体系涉及面更广，虽然重点是环境绩效部分，也兼顾企业的经济绩效和社会绩效部分。基于生产链的制造业产业链循环经济指标体系是对环境绩效部分的深化和拓宽，即与环境绩效相关的指标更加具体，一定程度超越了企业范畴。

（4）在制造业产业链循环经济指标体系的两种统一模型框架下，针对制造业产业链的上、中、下游产业，分别选取部分代表性产业，如金属产业及钢铁、铜产业，非金属产业及化工（煤化工、磷化工）、建材（水泥），中间产品产业及机电中间产品和石化中间产品产业，终端消费品产业及汽车、家电产业等构建了能够反映具体行业特点的循环经济指标体系，形成了制造业产业链的一系列循环经济指标体系。

（5）为反映制造业产业链循环经济指标体系中的环境管理传递思想，提出了变权模型，即在制造业产业链循环经济指标体系中，通过指标权重的变量化设置来解决类似指标在各种指标体系中所起到的不同影响和作用。通过案例，初步验证了这种方法的可行性和可操作性。

（6）在综合案例分析上，选取了三种有代表性的综合案例，一是大型企业集团出于循环经济跨产业建设需要而进行的高耗能产业群发展工作；二是对典型的高耗能产业——钢铁与化工的循环经济指标体系进行的比较研究；三是对长春汽车工业园区循环经济发展的研究。这一部分内容旨在运用本书构建的理论体系而进行应用研究。

第二节 创新点

（1）从制造业产业链的高度，提出了将制造业产业链划分为上、中、下游产业的观点，总结归纳了三种产业特征、在循环经济形势下三种产业的联系，列举了三种产业的典型代表行业，分别提炼了循环经济发展模式，丰富了循环经济理论体系。

将制造业产业链划分为资源型产业、中间产品产业和终端消费型产业，既能在大产业链的视角下审视三类产业之间的联系，又能运用循环经济理论对三类产业的循环经济实践的异同点分别进行分析，从而形成了对整个制造业开展循环经济建设所取得的成就和存在问题的系统总结和归纳，这对于指导制造业循环经济发展具有重要的理论价值和现实意义。

（2）基于生产链视角与综合绩效视角，分别设计了制造业产业链循环经济指标体系的两种统一模型；在该统一模型框架下，再分别设计了上、中、下游产业的循环经济指标体系，以及典型代表行业的循环经济指标体系，形成了一整套循环经济指标体系系列。

分别基于生产链视角与综合绩效视角所得出的循环经济指标体系，其结构是不同的。由于制造业产业链比较长，生产工艺比较复杂，从生产链视角所构建的指标体系有利于对制造业的三类产业的节能减排工作进行深入研究；而从综合绩效视角所构建的指标体系突出了制造业循环经济发展所实现的全面的综合绩效，即包括经济绩效、环境绩效和社会绩效三个方面，可以说是侧重于面上分析。因此，两种指标体系在纵向深入和全面分析上可以起到互补的作用。

（3）提出了通过变权模型反映制造业产业链循环经济指标体系中环境管理传递思想观点，给出了具体方法。

制造业产业链环境管理传递的观点或者说是绿色供应链环境管理传递的观点来自于西方国家的学者，但一直是一个概念模型。本书试图通过一个变权模型来将此概念建立一定量的模型，可以说是对环境管理传递理论深入研究的一个尝试，虽然该研究还比较浅显，但是一个值得深入研究的基础课题。

第三节　展望

构建一套适合制造业产业链的循环经济指标体系是一件困难而复杂的事情，一是因为制造业产业链较长，从制造业产业链上游到下游乃至构成闭环链的静脉产业，特征变化大，有很多值得探讨的问题；二是要使所构建的循环经济指标体系具有一定的演变规律，能够较好反映环境管理传递思想的研究成果比较少。本书在这两个方面进行了一定的开拓性研究，但由于研究能力不足以及时间仓促，虽然取得了一些研究成果，但研究深度以及要达到的目标都还存在着不足之处和较大的差距，留有很多工作等待继续开展研究和探索。

当前，我国制造业循环经济正在攻坚克难之时，实施低碳经济发展战略的要求又迎面而来。低碳经济与循环经济在节能减排思想上有着共同点，但抑制碳排放的要求无疑对循环经济工作提出新问题，需要进行进一步探索和研究。

参考文献

[1] 安达、冯流、曹东等：《包钢生态工业园区建设的生态工业网络设计》，《环境保护》2005 年第 1 期。

[2] 白俊红、陈玉和、李婧：《企业内部创新协同及其影响要素研究》，《科学学研究》2008 年第 1 期。

[3] 包菊芳、诸圣国：《我国钢铁产业循环经济发展模式研究》，《科技和产业》2007 年第 10 期。

[4] 蔡爱民：《环境保护与石化产业可持续发展》，《精细化工中间体》2002 年第 4 期。

[5] 蔡铂、陈伟亚：《湖北省磷化工循环经济发展模式》，中欧循环经济高端论坛，2009 年。

[6] 曹国志、秦颖、程均谟：《企业“绿色度”评价体系研究》，《华东经济管理》2006 年第 9 期。

[7] 常志军、赵永光：《长春市汽车产业发展现状问题及对策》，中国经济信息网站（http：//www. cei. gov. cn），2009 年 3 月 17 日。

[8] 陈凤先、夏训峰、海热提：《汽车工业循环经济发展模式研究》，《汽车与配件》2007 年第 10 期。

[9] 陈津、王克勤：《冶金环境工程》，中南大学出版社 2009 年版。

[10] 陈劲、谢芳、贾丽娜：《企业集团内部协同创新机理研究》，《管理学报》2006 年第 6 期。

[11] 陈硕：《我国彩电业发展的实证研究及对策分析》，硕士学位论文，东北财经大学，2006 年。

[12] 陈思云、张平：《报废汽车回收逆向物流浅析》，《物流工程与管理》2009 年第 3 期。

[13] 陈文晖、马胜杰、姚晓艳：《中国循环经济综合评价研究》，中国经济出版社 2009 年版。

[14] 陈永权、瞿斌等:《基于局部变权综合评价法的电网企业信息化水平评价研究》,《华北电力大学学报》2006 年第 1 期。
[15] 陈勇、童作锋、蒲勇健:《钢铁企业循环经济发展水平评价指标体系的构建及应用》,《中国软科学》2009 年第 12 期。
[16] 陈钰芬、陈劲:《开放式创新:机理与模式》,科学出版社 2008 年版。
[17] 程会强、左铁镛:《发展循环经济,建设有中国特色的生态工业园区》,《世界科技研究与发展》2006 年第 1 期。
[18] 储江伟:《汽车再生工程》,人民交通出版社 2007 年版。
[19] 崔树军、王金水、刘会晓:《基于循环经济的钢铁产业评价指标体系的构建》,《中国科技信息》2008 年第 16 期。
[20] 代应、王旭、邢乐斌:《基于全生命周期的汽车绿色回收体系研究》,《西南大学学报》(自然科学版)2007 年第 11 期。
[21] 戴宏民:《包装工业实施循环经济的关键举措及评价指标体系》,《重庆工商大学学报》(自然科学版)2006 年第 1 期。
[22] 邓红江:《基于循环经济的钢铁建设项目评价体系研究》,《钢铁技术》2008 年第 6 期。
[23] 邓睿:《构建云南矿业竞争优势研究——以铜业为例》,硕士学位论文,中央民族大学,2007 年。
[24] 董安君、金延才、李卫东:《对青岛市废旧回收利用的几点思考与建议》,《中国科技信息》2008 年第 7 期。
[25] 范文晶:《我国废旧家电回收物流发展现状及障碍》,《中国物流与采购》2010 年第 7 期。
[26] 冯之浚:《循环经济导论》,人民出版社 2004 年版。
[27] 甘树福:《工业园区生态产业链设计研究》,硕士学位论文,广东工业大学,2006 年。
[28] 高红、宁平、胥留德、郜华萍:《黄磷行业循环经济评价指标体系研究》,《云南化工》2007 年第 3 期。
[29] 葛春景:《基于“7R”的废旧家电回收处理模式研究》,硕士学位论文,天津理工大学,2008 年。
[30] 葛菁、徐宏宇:《废旧汽车回收拆解与再制造——可持续发展战略下的机会与挑战》,《汇视研究》2000 年第 31 期。

[31] 葛文静、李建中：《国外循环经济模式对陕北能源基地可持续发展的启示》，《中国石油大学学报》（社会科学版）2008 年第 1 期。
[32] 顾宗勤：《发展循环经济：促进化学工业健康发展》，《中国石油和化工》2005 年第 9 期。
[33] 《关于汽车区的规划布局》，http：//www. caida. gov. cn/Channel_17/20110118/17. 1295325285000. 3783. shtml。
[34] 郭海伟：《报废汽车零部件绿色回收与再制造关键技术研究》，硕士学位论文，重庆大学，2008 年。
[35] 郭汉丁、张印贤、马辉：《循环经济理念下废旧电器回收、再生、利用循环机理的探究》，《电子科技大学学报》（社会科学版）2008 年第 10 期。
[36] 郭洪蓉：《基于科学发展观的工业企业绩效评价指标体系研究》，《辽宁经济》2006 年第 10 期。
[37] 郭琪、赵小惠、闫炜：《我国家电产品逆向物流的发展浅析》，《西安邮电学院学报》2009 年第 29 期。
[38] 郭声波：《黄磷生产中废弃物的回收利用》，《无机盐工业》2004 年第 1 期。
[39] 国家环境保护总局科技标准司编：《循环经济和生态工业规划汇编》，化学工业出版社 2004 年版。
[40] 韩良、宋涛、佟连军：《汽车产业园区生态化模式研究与应用——以长春市汽车产业开发区为例》，《地理研究》2006 年第 4 期。
[41] 韩群慧：《金属产业循环经济发展模式和对策研究》，硕士学位论文，昆明理工大学，2010 年。
[42] 何宪：《乙烯工程》，广东科技出版社 1997 年版。
[43] 何尧军、单胜道：《循环经济理论与实践》，科学出版社 2009 年版。
[44] 侯海军、王庆东：《社会和谐度量化评价的变权数学模型》，《佛山科技学院》（自然科学版）2011 年第 4 期。
[45] 胡伟敏：《非金属产业循环经济发展模式和对策研究》，硕士学位论文，昆明理工大学，2010 年。
[46] 环网：《国外废旧家电处理纵览》，《中国资源综合利用》2004 年第 3 期。
[47] 黄和平、毕军：《基于物质流分析的区域循环经济评价——以常州

市武进区为例》，《资源科学》2008 年第 6 期。

[48] 黄贤金：《区域循环经济发展评价研究》，社会科学文献出版社 2006 年版。

[49] 黄贤金：《循环经济：产业模式与政策体系》，南京大学出版社 2004 年版。

[50] 黄志鸿：《铜工业循环经济发展研究》，硕士学位论文，江西财经大学，2006 年。

[51] 霍海宁：《石油化学工业循环经济发展模式及评价指标体系应用研究》，硕士学位论文，河北工业大学，2007 年。

[52] 贾生华、邬爱其、疏礼兵：《基于协同创新思想的浙江民营企业创新发展模式》，《浙江社会科学》2005 年第 2 期。

[53] 贾晓冬：《浅谈循环经济在煤炭工业中的发展模式》，《山西能源与节能》2005 年第 2 期。

[54] 江涛、张天柱：《煤炭行业循环经济发展模式与指标体系研究》，《中国人口·资源与环境》2007 年第 6 期。

[55] 姜孔桥、张明玉、高重密：《我国石化产业实施循环经济的必然性及路径选择》，《生产力研究》2008 年第 7 期。

[56] 蒋荃等：《生态设计——实现建材行业可持续发展战略的新技术》，《生态环境建材》2009 年第 3 期。

[57] 金涌、［荷兰］Jakob de Swaan Arons：《资源·能源·环境·社会——循环经济科学工程原理》，化学工业出版社 2009 年版。

[58] 靳敏：《日本家用电器回收》，《环境保护》2009 年第 5 期。

[59] 孔令锋：《推进家电企业实施循环经济战略研究——以规范废弃家电回收处理为视角》，《理论导刊》2010 年第 7 期。

[60] 兰晖：《废旧家电逆向物流体系研究》，硕士学位论文，武汉理工大学，2006 年。

[61] 李彩红：《化工行业循环经济的指标体系及效果评价》，《工业技术经济》2007 年第 4 期。

[62] 李春好、孙永河等：《变权层次分析法》，《系统工程理论与实践》2010 年第 4 期。

[63] 李丹、李勇、王晓明：《节能服务公司在宝钢的应用》，《冶金能源》2011 年第 6 期。

[64] 李德清、李洪兴：《变权决策中变权效果分析与状态变权向量的确定》，《控制与决策》2004 年第 11 期。

[65] 李德清、李洪兴：《状态变权向量的性质与构造》，《北京师范大学学报》（自然科学版）2002 年第 4 期。

[66] 李电生、杨冬春：《我国废旧家电回收管理有效性分析》，《管理观察》2009 年第 2 期。

[67] 李谷花：《汽车产业循环经济发展模式和对策研究》，硕士学位论文，昆明理工大学，2011 年。

[68] 李洪兴：《因素空间理论与知识表示的数学框架（Ⅷ）》，《模糊系统与数学》1995 年第 3 期。

[69] 李洪兴：《因素空间理论与知识表示的数学框架（Ⅸ）》，《模糊系统与数学》1996 年第 2 期。

[70] 李静：《立法推进我国废旧家电回收处理产业化》，《环境经济杂志》2005 年第 4 期。

[71] 李开军：《汽车产业分析报告》，《经济论坛》2010 年第 6 期。

[72] 李良成、蒋运通、周艳：《电解铝企业的发展理论取向与战略思考》，《湖南工程学院学报》2006 年第 4 期。

[73] 李明：《中国煤制甲醇的发展研究》，《洁净煤技术》2011 年第 4 期。

[74] 李仁安、朱晖：《武汉生态工业园发展规划及评价指标体系研究》，《武汉理工大学学报》2006 年第 11 期。

[75] 李文丽、潘福林：《我国废旧汽车回收模式选择探析》，《物流科技》2009 年第 3 期。

[76] 李显君、王贺武、危银涛：《汽车产业循环经济研究进展》，《汽车工程》2006 年第 8 期。

[77] 李雄赞：《浅谈电视机绿色包装设计》，《中国西部科技》2009 年第 8 期。

[78] 李英：《极具潜力的绿色电子产品设计》，《家电科技》2005 年第 7 期。

[79] 李云：《有色金属工业循环经济发展模式的思考》，《中国金属通报》2009 年第 24 期。

[80] 李作政、冷寅正：《乙烯生产与管理》，中国石化出版社 1992 年版。

[81] 林朝平：《机电制造业回收再制造系统》，《轻工机械》2007 年第 6 期。
[82] 林积泉、王伯铎、马俊杰等：《煤炭工业企业循环经济产业链设计与环境效益研究》，《环境保护》2005 年第 4 期。
[83] 刘安治：《基于循环经济的钢铁建设项目综合评价体系研究》，硕士学位论文，南京理工大学，2007 年。
[84] 刘滨、王苏亮、吴宗鑫：《试论以物质流分析方法为基础建立我国循环经济指标体系》，《中国人口·资源与环境》2005 年第 4 期。
[85] 刘红艳：《南非萨索尔公司煤基产业链对中国煤炭企业的启示》，《煤矿现代化》2002 年第 2 期。
[86] 刘会晓：《基于循环经济的钢铁产业评价指标体系研究》，硕士学位论文，河北工业大学，2008 年。
[87] 刘丽平：《从可持续发展角度看钢铁产业》，《江苏商论》2008 年第 5 期。
[88] 刘庆玉：《基于中间产品生产的工业化战略研究》，硕士学位论文，华中科技大学，2004 年。
[89] 刘维平：《资源循环利用》，化学工业出版社 2009 年版。
[90] 刘文奇：《均衡函数及其在变权综合中的应用》，《系统工程理论与实践》1997 年第 4 期。
[91] 刘志峰、许永华、刘学平等：《绿色产品评价方法研究》，《中国机械工程》2000 年第 9 期。
[92] 柳克勋、王林森：《短流程钢铁企业发展循环经济的模式》，《再生资源与循环经济》2010 年第 1 期。
[93] 罗宏、孟伟、冉圣宏：《生态工业园区——理论与实证》，化学工业出版社 2004 年版。
[94] 罗璇等：《化工行业循环经济发展模式初探》，《科学技术与工程》2006 年第 10 期。
[95] 麻林巍、倪维斗、李政等：《以煤气化为核心的甲醇、电的多联产系统分析》（上），《动力工程》2004 年第 3 期。
[96] 梅劲：《基于可变权重的新型 ERP 企业绩效评价方法研究》，《新疆社会科学》2008 年第 3 期。
[97] 梅绍组：《权数分配在综合评判中的应用》，《钢铁》1996 年第 7 期。

[98] 那宝魁：《“绿色钢铁”和环境管理》，冶金工业出版社2009年版。

[99] 潘福林、张志强：《我国废旧家电产品回收现状与发展对策》，《长春工业大学学报》（社会科学版）2008年第6期。

[100] 潘福林等：《我国建材工业发展循环经济的对策研究》，《吉林工商学院学报》2009年第3期。

[101] 潘晓勇、任松道：《日本废旧家电回收体系》，中国绿色制造论文集，2008年。

[102] 彭补拙、窦怡俭、张燕：《用动态观点进行环境综合质量评价》，《中国环境科学》1996年第1期。

[103] 戚雁俊：《石化企业循环经济指标体系检验修正的研究》，《石油化工技术与经济》2008年第4期。

[104] 齐振江：《家电产业循环经济发展模式和对策研究》，硕士学位论文，昆明理工大学，2011年。

[105] 汽车行业“十二五”规划研究课题组：《汽车工业在国民经济中的地位和作用》，《中国机电日报》2000年7月27日。

[106] 秦晔、王翔、陈铭、王成焘：《废旧汽车循环再利用的经济性评估》，《机电一体化》2006年第1期。

[107] 邱杰：《模组化液晶彩色电视机的总体设计》，硕士学位论文，厦门大学，2008年。

[108] 饶扬德：《市场、技术及管理三维创新协同机制研究》，《科学管理研究》2008年第4期。

[109] 任子明编译：《日本对汽车的回收利用，《国外科技动态》2000年第8期。

[110] 阮钰：《平煤集团构筑“3+2”循环经济模式的探索》，《现代经济信息》2010年第4期。

[111] 沙景华、欧玲：《矿业循环经济评价指标体系研究》，《环境保护》2008年第2期。

[112] 沈安、黄志斌：《中国汽车产业循环经济的SWOT定量分析》，《华东经济管理》2007年第1期。

[113] 沈安：《中国汽车产业发展循环经济的科技政策研究》，硕士学位论文，合肥工业大学，2007年。

[114] 沈德聪、阮平南：《绿色制造系统评价指标体系研究》，《机械制

造》2006 年第 3 期。

[115] 石吉金：《我国矿业循环经济评价指标体系的构建及运用研究》，《资源与产业》2008 年第 3 期。

[116] 史谊峰、张邦琪：《云南铜业股份有限公司发展循环经济的实践》，《云南冶金》2009 年第 5 期。

[117] 孙军丽：《基于 EPR 的废旧家电回收模式研究》，硕士学位论文，天津大学，2007 年。

[118] 孙丽芝：《基于产业集群的煤炭循环经济发展模式》，《机械管理开发》2008 年第 2 期。

[119] 孙星寿：《循环经济与水泥工业发展》，《中国资源综合利用》2005 年第 3 期。

[120] 孙玉平：《再认识钢铁企业面临的挑战与责任》，《冶金管理》2007 年第 11 期。

[121] 汤俊、胡树华：《汽车产业循环经济发展研究》，《汽车工业研究》2006 年第 6 期。

[122] 万磊：《高耗能产业循环经济指标体系框架研究》，硕士学位论文，昆明理工大学，2009 年。

[123] 万星火、李艳等：《基于信息熵的赋权法研究及其应用》，《统计与决策》2008 年第 18 期。

[124] 汪安佑、王靖添：《电力—水泥产业共生循环经济模式的实证分析——以乌兰水泥集团公司为例》，《中国人口·资源与环境》2007 年第 6 期。

[125] 汪培庄、李洪兴：《模糊系统理论与模糊计算机》，科学出版社 1996 年版。

[126] 汪前元、何华兵：《我国煤炭企业循环经济发展模式探析》，《中国煤炭》2006 年第 2 期。

[127] 汪旭光、潘家柱主编：《21 世纪中国有色金属工业可持续发展战略》，冶金工业出版社 2001 年版。

[128] 王方瑞：《基于全面创新管理的企业技术创新和市场创新的协同创新管理研究》，硕士学位论文，浙江大学，2003 年。

[129] 王富强、徐静珍：《河北省水泥行业节能减排现状及对策》，《唐山学院学报》2009 年第 6 期。

[130] 王恭敏:《探索有色金属循环经济的有效模式，加快循环经济的发展》,《有色设备》2005 年第 6 期。
[131] 王恭敏:《支持金属再生利用大力发展低碳经济》,《中国有色金属》2010 年第 7 期。
[132] 王冠:《欧盟 WEEE 指令和 RoHS 简介及其对我国电子电气产业的影响》,《上海计量测试》2007 年第 2 期。
[133] 王国才、王希凤:《汽车工业绿色制造生产方式的研究》,《物流技术》2004 年第 6 期。
[134] 王景伟、施德汉、陈须连:《美国电子废弃物资源化产业现状分析》,《上海环境科学》2003 年第 12 期。
[135] 王静、宾鸿赞:《产品生命周期评价及其指标体系的建立》,《机械设计与制造工程》2001 年第 2 期。
[136] 王青莉:《青海省水泥行业的节能减排及固体废弃物利用分析》,《青海环境》2009 年第 3 期。
[137] 王旭、杨明、代应:《汽车回收企业绿色度评价应用研究》,《现代制造工程》2008 年第 6 期。
[138] 王茵、马祖军:《家电制造商的废旧家电回收处理模式决策研究》,《物流技术》2008 年第 6 期。
[139] 王自强:《钢铁与化工产业循环经济指标体系比较研究》，硕士学位论文，昆明理工大学，2011 年。
[140] 魏澄荣、程春生:《我国石化产业必须走循环经济发展之路》,《经济纵横》2007 年第 2 期。
[141] 温素彬:《企业三重绩效的层次变权综合评价模型》,《会计研究》2010 年第 12 期。
[142] 武音茜:《云南省铜资源经济与铜产业价值链结构研究》，硕士学位论文，昆明理工大学，2008 年。
[143] 席俊杰、吴中、马淑萍:《从传统生产到绿色制造及循环经济》,《中国科技论坛》2005 年第 5 期。
[144] 夏美玲、柯涛涛:《我国废旧家电回收的障碍及对策》,《中国资源综合用》2006 年第 6 期。
[145] 徐滨士:《再制造与循环经济》，科学出版社 2007 年版。
[146] 阎明、张友良、田晖:《废旧电视机环保处理的一般工艺过程》,

《家电科技》2005年第10期。

[147] 阎明：《促进我国废旧电器再利用产业化进程》，《产业纵横》2006年第9期。

[148] 杨昌勇：《浅谈磷化工水处理及其回收利用》，《贵州化工》2007年第6期。

[149] 杨东华：《钢铁工业循环经济发展模式研究》，硕士学位论文，北京化工大学，2005年。

[150] 杨多贵、陈劭锋、牛文元：《可持续发展四大代表性指标体系评述》，《科学管理研究》2001年第4期。

[151] 杨华峰、张华玲：《论循环经济评价指标体系的构建》，《科学与科学技术管理》2005年第9期。

[152] 杨建潇：《家电下乡给废家电回收再利用带来了什么》，《资源再生》2009年第3期。

[153] 杨韦华：《废旧电视机回收的潜力分析》，《市场透视》2009年第8期。

[154] 杨夕强等：《发展循环经济促进化工行业持续发展》，《产业经济》2007年第1期。

[155] 杨雪峰：《循环经济运行机制研究》，商务印书馆2008年版。

[156] 姚炳学、李洪学：《局部变权公理体系》，《系统工程理论与实践》2000年第1期。

[157] 殷英：《能源约束下的装备制造业循环经济发展》，《再生资源与循环经济》2010年第7期。

[158] 尹琦、肖正扬：《生态产业链的概念与应用》，《环境科学》2002年第6期。

[159] 尹晓红：《区域循环经济发展评价与运行体系研究》，博士学位论文，天津大学，2009年。

[160] 于立宏、费文博：《中国石化产业园区与循环经济互动发展研究》，《中国软科学》2009年第11期。

[161] 于丽英、冯之浚：《城市循环经济评价指标体系的设计》，《中国软科学》2005年第12期。

[162] 余良晖、陈甲斌：《发展我国铜资源循环经济的构想》，《南方国土资源》2006年第2期。

[163] 元炯亮：《生态工业园区评价指标体系研究》，《环境保护》2003

年第 3 期。

[164] 张邦琪:《发展循环经济创节约型企业实现可持续发展》,《世界有色金属》2007 年第 2 期。

[165] 张波:《中小企业协同创新模式研究》,《科技管理研究》2010 年第 2 期。

[166] 张成、浦秋强、王成焘:《基于生命周期的汽车回收及其循环经济模型》,《机械设计与研究》2003 年第 3 期。

[167] 张承海:《汽车产业与资源环境》,《公路与汽运》2006 年第 3 期。

[168] 张复明:《资源型经济——理论解释内在机制与应用研究》,中国社会科学出版社 2007 年版。

[169] 张国英、梁文阁、郑丕谔:《煤炭产业发展循环经济模式的探讨》,《经济问题》2007 年第 1 期。

[170] 张剑湖等:《变权综合决策方法及应用》,《云南大学学报》(自然科学版)1999 年第 6 期。

[171] 张锦春、裘杭萍、权冀川:《变权评估中均衡函数的构造》,《火力与指挥控制》2007 年第 7 期。

[172] 张康、苏春、许映秋:《基于模糊层次分析法的汽车材料回收经济型评价》,《工业工程》2006 年第 4 期。

[173] 张乐观、冯兴华、李连山:《煤炭产业循环经济发展模式的探索》,《能源环境保护》2008 年第 4 期。

[174] 张楠楠:《铅锌冶炼行业循环经济发展模式研究》,硕士学位论文,西北大学,2008 年。

[175] 张青山、邹华、马军等:《制造业绿色产品评价体系》,电子工业出版社 2009 年版。

[176] 张巍:《供应链企业间的协同创新模型研究》,硕士学位论文,重庆大学,2009 年。

[177] 张晓翠、高雷阜等:《基于模糊变权法的供应商综合评价的研究》,《科学技术与工程》2007 年第 13 期。

[178] 张晓莉:《长春汽车产业开发区发展问题研究》,硕士学位论文,东北师范大学,2009 年。

[179] 张旭、李磊:《我国汽车产业循环经济模式的研究》,《汽车工程》2007 年第 10 期。

[180] 张旭梅、张巍、钟和平：《供应链企业间的协同创新及其实施策略研究》，《现代管理科学》2008 年第 5 期。
[181] 张艳、贾海霞：《企业“绿色度”的模糊评价模型与应用》，《环境科学与管理》2005 年第 3 期。
[182] 张照录、崔兆杰、张录强等：《铝工业循环经济产业链的规划设计》，《中国矿业》2009 年第 5 期。
[183] 张哲：《基于产业集群理论的企业协同创新系统研究》，硕士学位论文，天津大学，2008 年。
[184] 张正清：《黄磷副产物的综合利用介绍》，《云南化工》2003 年第 6 期。
[185]《长春汽车产业开发区成立五年实现快速发展》，新华网，2010 年 9 月 30 日。
[186]《长春汽车产业开发区概况》，长春汽车产业开发区网站，http://www.caida.gov.cn。
[187] 长春汽车产业开发区管委会：《长春汽车产业开发区》，http://tieba.baidu.com/f? kz=633808442，2008 年 9 月 8 日。
[188]《长春汽车产业开发区升级成为国家级经济技术开发区》，中央政府门户网站，http://www.miit.gov.cn，2011 年 1 月 10 日。
[189] 赵新：《国内电子电气产品绿色设计与评价现状》，《日用电器》2006 年第 10 期。
[190] 赵毅红、曹凤中：《制订我国废旧家电回收利用法的思路》，《黑龙江环境通报》2006 年第 1 期。
[191] 郑刚、朱凌、金珺：《全面协同创新：一个五阶段全面协同过程模型——基于海尔集团的案例研究》，《管理工程学报》2008 年第 2 期。
[192] 郑季良、陈志芳：《高耗能产业循环经济发展指标体系研究》，《经济管理》2008 年第 5 期。
[193] 郑季良、周斐、董洁：《制造产业链循环经济发展中的协同创新问题研究》，《科技进步与对策》2012 年第 22 期。
[194] 郑季良、邹平：《面向循环经济的绿色制造系统及其集成》，《科技进步与对策》2006 年第 5 期。
[195] 郑季良：《绿色制造系统的集成发展理论》，云南人民出版社 2009 年版。

[196] 中国科学院可持续发展战略研究组：《2006 中国可持续发展战略报告——建设资源节约型、环境友好型社会》，2006 年。

[197] 钟昌宝：《一种供应链风险综合评价方法——变权可拓物元法》，《科技管理研究》2012 年第 3 期。

[198] 钟太洋等：《区域循环经济发展评价：方法、指标体系与实证研究——以江苏省为例》，《资源科学》2006 年第 2 期。

[199] 周斐：《中间产品产业循环经济发展模式和对策研究》，硕士学位论文，昆明理工大学，2012 年。

[200] 周国梅：《循环经济和工业生态效率指标体系》，《城市环境与城市生态》2003 年第 6 期。

[201] 周金平：《煤炭工业循环经济模式的实践与探讨》，《山东煤炭科技》2004 年第 6 期。

[202] 周全法、尚通明：《废旧家电材料的回收利用》，化学工业出版社 2004 年版。

[203] 周仁、任一鑫：《煤炭循环经济发展模式研究》，《煤炭经济研究》2004 年第 1 期。

[204] 朱勇珍、李洪兴：《状态变权的公理化体系和均衡函数的构造》，《系统工程理论与实践》1999 年第 3 期。

[205] 左铁镛：《推动我国循环经济发展的政策建议》，《理论参考》2005 年第 8 期。

[206] Alejandro Rivera – Becerra, Li Lin, Measuring Environmental Consciousness in Product Design and Manufacturing, *Current Engineering*, Vol. 7, No. 2, 1999, pp. 123 – 137.

[207] Balakrishnan Ramesh Babu, Anand Kuber Parande, Electrical and electronic waste: A global environmental problem, *Waste Manage & Research*, No. 25, 2007, pp. 307 – 318.

[208] Beamon, B. M., Supply chain design and analysis: Models and methods, *International Journal of Production Economics*, Vol. 55, No. 3, 1998, pp. 281 – 294.

[209] Cui, Forssberg, E., Mechanical recycling of waste electric and electronic equipment: A review, *Journal of Hazardous Materials*, Vol. 99, No. 3, 2003, pp. 124 – 129.

[210] Eveloy, V., Ganesaa, S., Fukuda, Y. et al., WEEE, ROHS, and what you must do to get ready for lead – free electronics, *Electronic Packaging Technology*, Vol. 30, No. 9, 2005, pp. 27 – 44.

[211] Gottberg, Aanika, Morris et al., Producer responsibility, waste minimisation and the WEEE directive: Case studies in eco – design from the European lighting sector, *Science of the Total Environment*, Vol. 359, No. 3, 2006, pp. 38 – 56.

[212] Graedek, T. E., Beers, D. V., Bertram, M. et al., Multilevel Cycle of Anthropogenic Copper, *Environmental Science & Technology*, Vol. 38, No. 4, 2004, pp. 1242 – 1252.

[213] Graedek, T. E., Beers, D. V., Bertram, M. et al., The Multilevel Cycle of Anthropogenic Zinc, *Journal of Industrial Ecological*, Vol. 9, No. 3, 2005, pp. 67 – 90.

[214] Graedel, T. E., Allenby, B. R., *Industrial Ecology and the Automobile*, Prentice Hall Inc., 1998.

[215] Grzeskowiak, Jennifer, States experiment with e – waste financing, *American City & County*, Vol. 121, No. 1, 2006, pp. 8 – 10.

[216] Johnson, J., Julie, J., Marlen, B. et al., Contemporary Anthropogenic Silver Cycle: A Multilevel Analysis, *Environmental Science & Technology*, Vol. 39, No. 12, 2005, pp. 4655 – 4665.

[217] Leanne K. Moyer, Surendra M. Gupta, Environmental Concerns and Recycling/Disassembly Efforts in the Electronics Industry, *Journal of Electronics Manufacturing*, Vol. 7, No. 1, 1997, pp. 1 – 22.

[218] Lester Brown, Eco – Economy, *Harvard Design Magazine*, No. 1, 2003, p. 3.

[219] Martí Nadal, Marta Schuhmacher, José L. Domingo, Long – term environmental monitoring of persistent organic pollutants and metals in a chemical/petrochemical area: Human health risks, *Environmental Pollution*, Vol. 159, No. 7, 2011, pp. 1769 – 1777.

[220] Martin, Goosey, End – of – life electronics legislmionan industry perspective, *Circuit World*, Vol. 30, No. 2, 2004, pp. 27 – 31.

[221] Matthews, H. Scott, Meeting the Eup directive: Life cycle assessment

information sharing as opportunity for global compliance, *Electronics the Environment*, Vol. 10, No. 5, 2007, pp. 155 – 158.

[222] Mayers, C. Kieren, Strategic, financial, and design implications of extended producer responsibility in Europe, *Journal of Industrial Ecology*, Vol. 11, No. 3, 2007, pp. 113 – 131.

[223] McIntyre, Kirstie, Waste electrical and electronic equipment – its impact on the supply chain, *Supply Chain Practice*, Vol. 7, No. 2, 2005, pp. 42 – 46.

[224] Mehmet Ali Ilgin, Surendra M. Gupta, Environmentally Conscious Manufacturing and Product Recovery (ECMPRO): A Review of the State of the Art, *Journal of Environmental Management*, 2010, pp. 563 – 591.

[225] Oueiruga, Dolores, Walther et al., Evaluation of sites forthe location of WEEE recycling plants in Spain, *Waste Management*, Vol. 28, No. 1, 2008, pp. 181 – 190.

[226] Peaslee, K., Characterization of Used Automotive Oil Filters for Recycling, *Resource, Conservation and Recycling*, No. 2, 1997, pp. 81 – 91.

[227] R. C. Savaskan, Closed – loop supply chain models with product remanu – facturing, *Management Science*, Vol. 50, No. 2, 2004, pp. 39 – 52.

[228] Susanne, K., Mireille, F., Peter, B., Economically Extended – MFA: a material flow approach for a better understanding of flood production chain, *Journal of Clean Production*, Vol. 12, No. 8 – 10, 2004, pp. 877 – 889.

[229] Taeko Aoe, Eco – efficiency and eco – design in electrical and electronic products, *Cleaner Production*, Vol. 6, No. 4, 2006, pp. 36 – 39.

[230] World Technology Division of International Technology Research Institute, Environmentally Begin Manufacturing, 2001.

[231] Ying Dai, Changbing Jiang, Research on evaluation of green degree of vehicles reverse logistics system, *Journal of Communication and Computer*, Vol. 7, No. 4, 2010, pp. 78 – 83.

[232] Zheng Jiliang, Li Guhua, Evaluation index system research on circular economy in automobile industry, IEEE Proceeding 2011 of International Conference on Management Science and Intelligent Control, pp. 987 – 995.